香港亨達集團創辦人及名譽主席
鄧予立——著

旅遊記疫

老玩童 深度遊瑞士

推薦序

記錄與展現地球的生命力和色彩

我與鄧予立先生結識於二〇〇八年，那年四月我到瑞士任職後，鄧先生如其書中〈最安靜祥和的首都〉一章中所寫到的，出任在伯爾尼成立的瑞士華商會會長。自此，我們結了緣。十多年來，無論天涯海角天各一方，我們之間的友誼持續不斷。

鄧予立先生不僅是一位成功的企業家，而且是一位造詣頗深的文學家、攝影家，酷愛旅行。他給自己定了個遊遍世界一百五十個國家的目標。然而，在即將達到這一目標之時，人類遭到了百年不遇的新冠大疫情。儘管這場自然界的災難打亂了他的旅遊計畫，但未能阻擋住他觀察世界的腳步。他以超出常人的勇氣，決意用手中的筆和相機記錄並展現地球頑強的生命力和獨特的色彩，從而給在與這場新冠肺炎病毒搏鬥的人們帶來慰藉與鼓舞。

《旅遊記疫：老玩童深度遊瑞士》匯總了鄧先生在特殊時期親歷的對大自然的讚美之佳作，其中全面詳細地介紹了瑞士的大城小鎮、河流湖泊、雪山冰川。讀著此書，仿佛人們自己也遊蕩在藍天碧水之間，聆聽著瑞士幾百年的傳說故事，感受著人間天堂般的錦繡山川。總之，到過瑞士的人，此書能勾起你美好的回憶；還沒去過瑞士的人，此書會激起你決心前

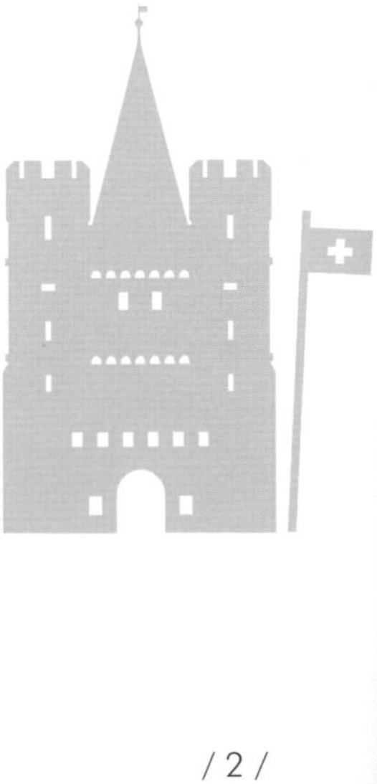

往一遊的欲望。美，一直在路上。讓我們跟隨鄧先生的腳步去擁抱大自然，感受人間美景吧。

董津義

中華人民共和國前駐瑞士聯邦特命全權大使

推薦序

認識瑞士

二〇二〇年是不同尋常的一年，新冠肺炎疫情在全球蔓延，國際間、人際間交往受限。但自六月分開始，我卻不斷收到鄧予立先生從瑞士發來的實景照片。

鄧先生是個旅行家，足跡遍及全球近一百五十個國家，瑞士之行更已不計其數。我很好奇，是什麼樣的誘惑力吸引他不顧疫情再遊瑞士？

鄧先生給我的理由令我頗感意外。原來，他追看韓劇《愛的迫降》著了迷，看到此劇拍攝地瑞士那熟悉的仙境般美景，便說走就走，一路追蹤劇中少男少女愛的足跡去了！

這是鄧先生的一部瑞士遊記，書中詳細記述了他此行所見、所聞、所思。疫情之下的瑞士依然美得令人心醉，只是缺少了往日的人流、熱鬧、活力和生機。人們多麼祈盼疫情早日結束，一切恢復以往的平常。

瑞士是一個山國，也是一個千湖之國，湖光山色是最經典的風光。瑞士的山和湖如同一對戀人，總是如影相隨。藍天白雲下青山層巒疊嶂連綿起伏，多情的湖水總是不離不棄繾綣纏綿地依偎在蜿蜒曲折的山腳邊。

瑞士雪多，許多山峰終年白雪皚皚，在陽光下熠熠生輝，美不勝收。我在瑞士工作時的辦公室和住處都面朝白雪公主般亭亭玉立的少女峰，靜思時、遐想時駐足窗前，少女峰款款映入眼簾，令人心緒頓覺寧靜，靈感油然而生。

瑞士的城市不大但名氣很大，且各有特色。最大的城市蘇黎世是著名的金融中心，日內瓦國際組織雲集，洛桑因是國際奧會所在地而名聞遐邇，首都伯爾尼是列入聯合國教科文組織名冊的世界文化遺產，還有盧塞恩、巴塞爾、盧加諾……每一個城市都風情萬種、值得一遊。

瑞士那些大珠小珠般灑落在綠水青山間的小村鎮更是玲瓏剔透、別樣風情。無論地處多高多偏僻，它們無一例外都靈秀美麗、各有精彩。鄧先生此次深度遊覽了以往很少有機會涉足的一些村鎮，讀者們有幸可以跟隨他一飽眼福。

瑞士也不乏美食。除了衆所周知的巧克力、乳酪火鍋，瑞士的紅酒、牛肉品質上乘，只因產量偏少而僅供當地消費。如您到瑞士就可以大飽口福了！

瑞士是蕞爾小國，但又是一個經濟、金融、旅遊、創新大國。富足而不滿足、務實而又踏實、高端而又低調、成功而不守成，這是瑞士特有的氣質和深入骨髓的文化。瑞士人把一個自然稟賦並不優越的國家發展成爲世界上最爲發達的國家之一，上述氣質和文化，是她成功的祕訣所在。

瑞士是中國在歐洲的重要合作夥伴，也是中國遊客最喜歡的旅遊目的地之一。鄧先生此書是一位絕佳的導遊。如果您去過瑞士，此書將使您對這個國家有更多更深入的瞭解；如果您還沒有去過，那就讓此書帶您去認識這個魅力無限的國度吧！

許鏡湖

中華人民共和國前駐瑞士聯邦特命全權大使

二〇二一年夏於北京

推薦序

生活方式的最美呈現

最近拜讀了鄧予立先生的新作《旅遊記疫：老玩童深度遊瑞士》，感慨頗深，對旅居瑞士十多年的我來說也沒有如此深度的遊覽瑞士。

我推薦鄧予立先生的這本瑞士遊記給大家。如果你對瑞士很陌生，這本書會讓你對它一見鍾情；如果你有計劃前去旅行，這本書會讓你的瑞士之行成爲終身難忘的「夢幻之旅」；如果你沒有條件遠行，這本書會帶給你一個夢——這夢不只關乎旅行，更可能讓你重新審視和規劃自己的生活……

這本書絕不是一本簡單的旅遊指南，而是一種生活方式的最美呈現——有美食，有美景，有歷史，有浪漫故事，能夠滿足喜歡美好事物並具浪漫情懷的人的所有心思。你可以不去瑞士，可以不愛瑞士，但千萬不要錯過書裡的所有美好和感動。

我非常感慨於書中提到了花山別墅的故事。我想這應該是花山別墅在所有關於瑞士旅遊的書籍中第一次被提到。我們敬愛的周恩來總理於一九五四年參加日內瓦會議，是新中國首次以五大國之一的地位和身分參加的重要國際會議，也是周總理首次以外長身分在重大國

際舞臺上亮相。會議期間，周總理憑藉非凡政治勇氣和高超外交智慧，爲推動會議順利進行做出重要貢獻，有效地提升了新中國國際地位，在中國乃至世界外交史上留下了濃墨重彩的一筆。就是這個花山別墅，周總理曾在這裡下榻，生活居住了三個多月，是一個十分值得紀念的地方。希望通過鄧先生這本書的推介，中國遊客到瑞士旅遊時可以多一個參觀地點的選擇。

鄧予立先生早年是學校的中文老師，因此具有深厚的寫作功底，加之他一直的勤奮和過人的能力，已先後出版了二十餘本書籍，令人欽佩！

邱小捷
瑞士華商會副會長

前言

天地有大美而不言，四時有明法而不議，萬物有成理而不說。

《莊子．知北遊》

二〇二〇年，一場突如其來的疫疾，襲捲世界，直至今日都還未平歇。在疫情的陰霾下，從各種意義上來說，於個人、國家，甚至整個世界都是無比艱辛。全球化的今天，需要的是所有人的共同努力，所謂「覆巢之下無完卵」。這段日子以來，太多的傷痛無從說起；更有無數普通人於危難之時無怨無悔奮起與病毒拼搏，守護著親人、愛人還有社會上不同階層的陌生人。總有人在記錄著這個時代，記錄人類所經歷的悲歡離合，記錄奮戰在第一線上的醫護英雄。

世事艱難，我想要從一個不同的角度來紀念這個不同尋常的年代，記錄這個世界的山河遼闊，山川草木；天地間的清風明月，飛鳥遊魚；記錄疫疾下昔日熙攘的景點和繁華的大都市是否換了樣貌。我雖抱憾原本的旅遊計畫被疫情全盤打亂，至今都未能實現我旅遊世界一百五十個國家的個人理想，不過卻也得到很多意外收穫；儘管匆匆忙忙，依然是步履不停地繼續路上行走。儘管人們的活動受到約束，可是大自然依舊，「山自寂寂，泉自涓涓。」疫情之下，少了人類的參與，地球展現了頑強的生命力和獨特的精彩，我很幸運能夠作爲一位旁觀者和記錄者，用鏡頭拍下多個國家、地區的壯麗景色，在旅途中頻頻出現驚喜和奇遇，現在卻成了回味無窮趣事，我乘機整理這場時疫發生以來的所見所聞，與大家分享，冀能使大家在與新冠肺炎病毒的搏鬥中，得到些許慰藉。

願大家身體健康！

目錄

推薦序——記錄與展現地球的生命力和色彩 2
推薦序——認識瑞士 4
推薦序——生活方式的最美呈現 7
前言 9

瑞士簡介 16

開篇：瑞士的美麗迫降 18
從「愛的迫降」啟程 19
經典與唯美：布里恩茨湖 23

蘇黎世大區 32
疫情之下的瑞士第一大城：蘇黎世 33

高原大區 40

最安靜祥和的首都：伯爾尼 41

一上和一下：圖恩 57

兩湖之間：因特拉肯 64

木雕之鄉與蛋白霜之鄉：布里恩茨、邁林根 69

魅力小鎮：格施塔德 74

美麗少女的悲傷之淚：藍湖 82

瀑布小鎮與天空之城：勞特布魯嫩、米倫 85

一眼望三湖：穆爾滕、納沙泰爾 95

最美的巴洛克小鎮：索洛圖恩 110

中世紀城市：弗里堡 120

乳酪之鄉：格呂耶爾 128

日內瓦湖大區 132

直衝天際的大噴泉：日內瓦 133

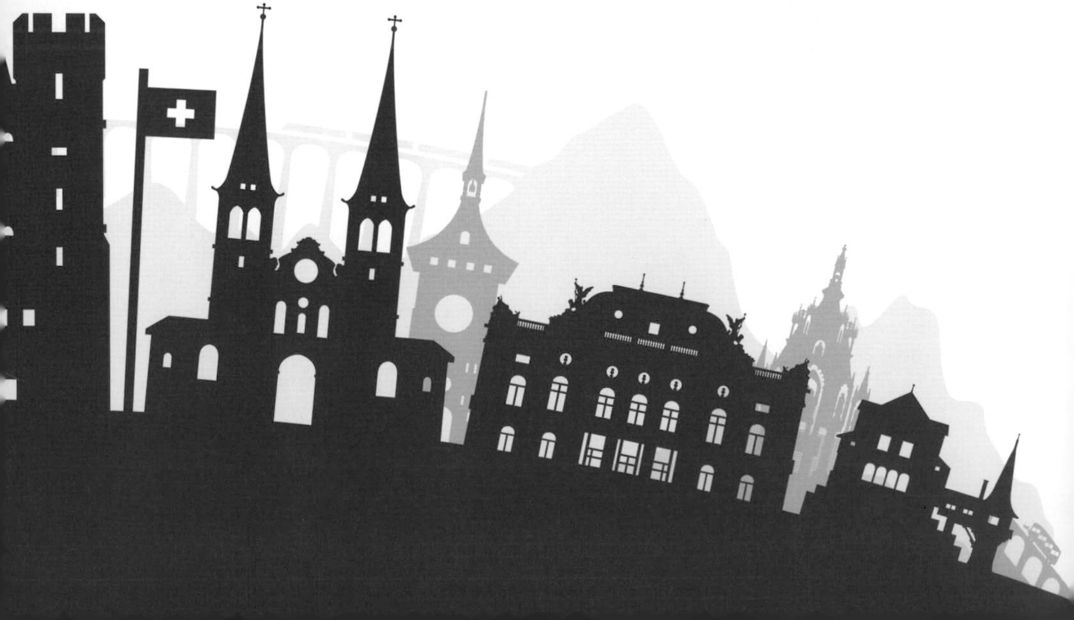

日內瓦湖畔小鎮：蒙特勒、沃韋 144
奧林匹克之都：洛桑 154
花山別墅的故事：韋爾蘇瓦 163
小鎮遊：奧爾布、羅曼莫蒂耶—昂維、格朗松 167
新石器時代巨石群：伊韋爾東萊班 178
桃源般的瓦萊州山谷小鎮 185
山若有家，家在瑞士：洛伊克巴德 192
一眼望三國：西昂 198
阿爾卑斯的山中之王：馬特洪峰 203

西北瑞士大區 213
雞鳴三國：巴塞爾 214

東瑞士大區 227
「炫富」的古城：沙夫豪森 228

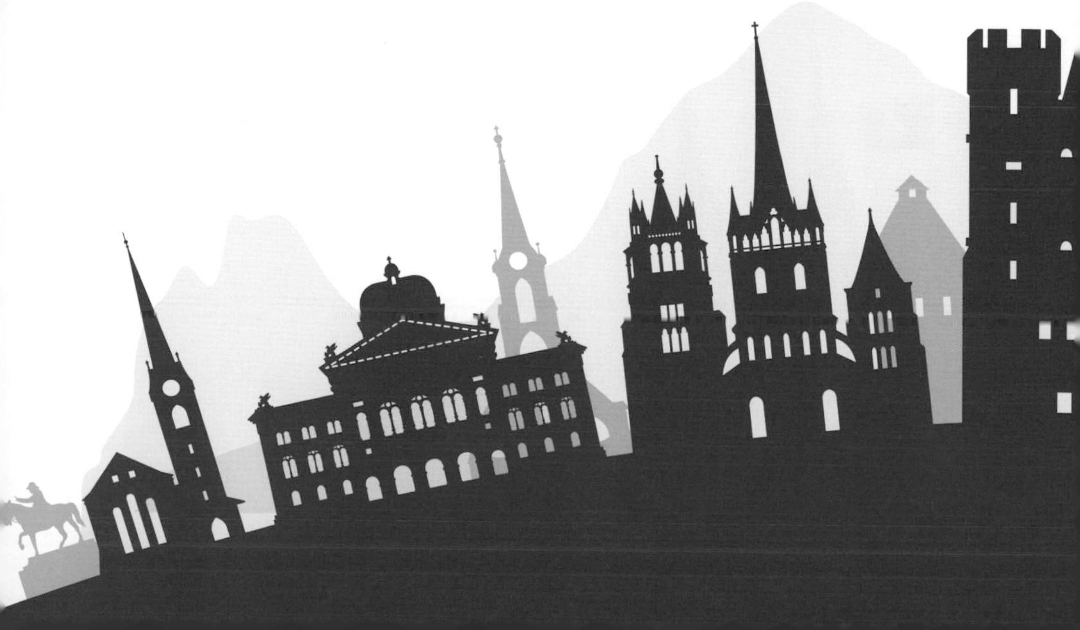

萊茵河畔的寶石：施泰因 236
天上有行雲，人在行雲裡：達沃斯、克洛斯特斯 244
醉人的香檳氣候：聖莫里茲 248
華美的修道院與圖書館：聖加侖 253

中瑞士大區 260
悲傷的獅子：琉森 261
玫瑰小鎮：威吉斯 276
天使之鄉與瑞士最富有城市：英格堡、楚格 281
青山重重如畫中：弗呂埃倫、安德瑪特和聖哥達山口 288
朝聖之地：艾因西德倫 299

提契諾大區 304
最南端小城：基亞索 305
湖畔的金融中心：盧加諾 314

義式風情小鎮：焦爾尼科、比亞斯卡、阿斯科納 327
三座古堡之都：貝林佐納 334
陽光、電影、大教堂：洛迦諾 344

拾遺 350
偉大工程巡禮 351
郵票小國：列支敦斯登 358

後記 364

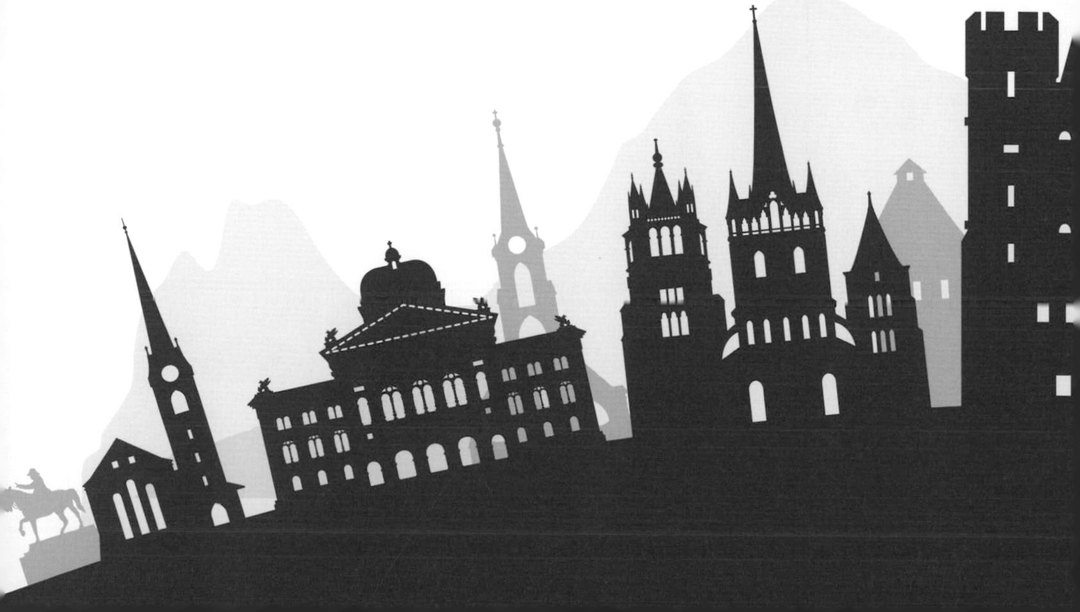

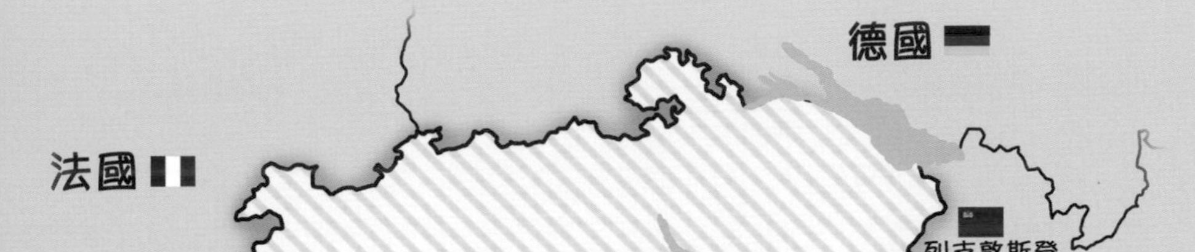
德國
法國
列支敦斯登
奧地利
瑞士
義大利

瑞士簡介

瑞士位於歐洲中部，總面積約四萬一千兩百平方公里，人口約八百萬，主要地理區域包括阿爾卑斯山區、瑞士高原區以及汝拉山區。氣候屬溫帶，但是地形和氣候都具多樣化。

瑞士是世界上最爲富裕的國家之一，採聯邦制，有二十六個州，首都爲伯爾尼。主要有四種使用語言：德、法、義和羅曼什語，還有衆多方言。鄰國包括德國、法國、義大利、奧地利、列支敦斯登五國。

Chapter 01 開篇：瑞士的美麗迫降

疫情初始，我正停留臺北避疫，被韓劇《愛的迫降》勾起對瑞士湖光山色的美好回憶，當二〇二〇年六月歐洲疫情稍有緩解，開始逐步解封時，我決定來一次「美麗迫降」瑞士，探訪《愛的迫降》拍攝場景，追尋男女主角利正赫和尹世理的足跡！

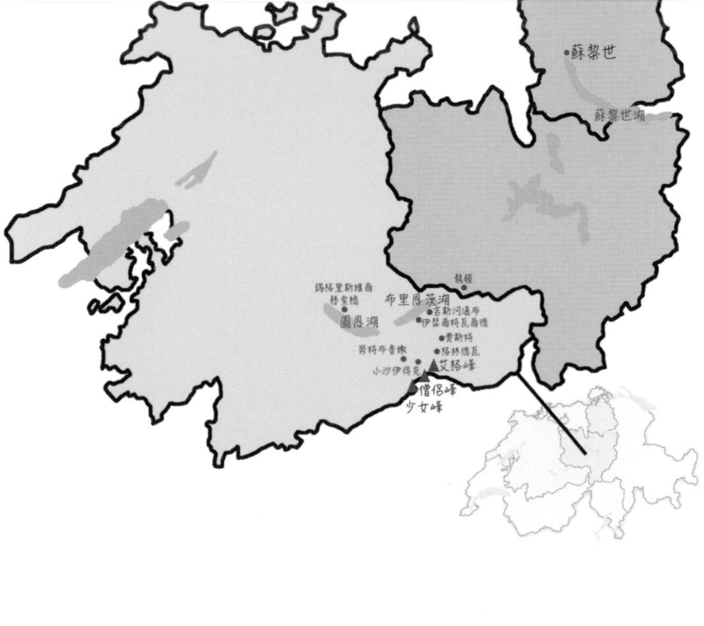

從「愛的迫降」啟程

文學大家朱自清先生曾經這樣描述瑞士：「瑞士有『歐洲的公園』之稱。起初以爲有些好風景而已；到了那裡，才知無處不是好風景，而且除了好風景似乎就沒有什麼別的。」我亦深以爲然。

令我重新燃起走進瑞士的念頭，緣於二〇二〇年初一部爆火的韓劇《愛的迫降》。這部劇集的內容注入南、北韓兩地不同背景元素，觸及「38停戰線」的政治禁地，吸引不少追劇族的興趣；再加上俊男美女的組合，更引來一大票粉絲；該劇選擇前往幾個國家，包括蒙古、韓國和瑞士等著名風景區實景拍攝，讓因爲疫情而被「關」在家裡的劇迷們得以安坐家中追劇情之餘，還能欣賞到如詩如畫的風景。

當時我正停留臺北避疫，從朋友口中多次聽到對該電視劇的讚美，剛開始還以爲它也離不開千篇一律的煽情愛情肥皂劇，後來耐不住朋友們不斷介紹劇情，多次打開電視觀看，其中一集正好見到男主角在瑞士如仙境般的湖畔，彈著鋼琴，把原來我已十分熟識的地方拍得美侖美奐。二〇二〇年六月下旬，歐洲疫情稍有緩解，瑞士與部分西歐國家逐步解封，邊境重開。消息傳出後，我立卽離開臺北，決定來一次「美麗迫降」瑞士，尋找《愛的迫降》的拍攝實景，追隨電視劇男女主角利正赫和尹世理的蹤影，來一次老玩童「聊發少年狂」追劇之旅！

《愛的迫降》的片頭，男女主角在蘇黎世林登霍夫山公園擦肩而過，畫面的背景有兩座相當醒目的塔，這就是蘇黎世大教堂（Grossmünster），又叫雙塔大教堂，是蘇黎世最著名的三座教堂之一，另外兩座則分別爲聖母大教堂和聖彼得大教堂。雙塔教堂建於公元一一〇〇年左右，是一座典型的羅馬風格建築，它的位置在利馬特河岸（Limmat River），與聖母大教堂隔河對望。十六世紀時，蘇黎世大教堂曾經在宗教改革歷史上扮演重要角色。如今因疫情關係而重門深鎖，可惜我這趟前來，無法再次欣賞裡面由瑞士現代藝術大師賈科梅蒂（Augusto Giacometti）製作的彩繪玻璃。

1.利馬特河岸的蘇黎世大教堂與大教堂橋
2.由賈科梅蒂製作的彩繪玻璃

女主角尹世理曾經走過的大教堂橋（Münsterbrücke）橫架在利馬特河上，橋的兩端正是蘇黎世大教堂和聖母大教堂這兩大地標。從橋上不僅可以欣賞到兩岸蘇黎世老城區充滿歷史感的建築，甚至可以看到遠處的蘇黎世湖和峰巒起伏的山景。

沿著利馬特河畔悠閒漫步，整點一到，大教堂的鐘聲準時傳過來。晴朗的天空映照著對岸高低錯落的老城斜瓦，白鴿和海鷗不時地飛上落下，湖上的白天鵝悠游於藍天綠水間，疫情彷彿已離我而去，此情此境，心曠神怡！

蘇黎世剛結束了長達三個月的「封城」，市民們從疫情的陰霾中解放出來，紛紛離開家門，走向戶外。因此無論大街小巷，遊人如鯽，人們盡情享受初夏的陽光。但由於瑞士仍未全面開放外地旅客入境，比起過往肩摩轂擊的熱鬧景象，還是稍微遜色了些。而「老玩童的旅遊記疫」，就從《愛的迫降》第一篇章「大教堂邂逅」展開。

1.壯觀的雙塔教堂——蘇黎世大教堂
2.蘇黎世大教堂羅馬式的大門上充滿與宗教相關的浮雕
3.聖母大教堂及大教堂橋

經典與唯美：布里恩茨湖

《愛的迫降》中有一幕唯美而經典的場面，男主角利正赫在湖邊彈琴，女主角在遊船上偶然聽到琴聲，才產生活下去的勇氣。

這個場景的拍攝地在布里恩茨湖區（Lake Brienz），位於瑞士伯恩州阿爾卑斯山北麓，因東北側的布里恩茨村而得名。它被稱爲「瑞士最純淨的湖」，湖面浩瀚如煙，湖水如翡翠般清澈透明，獲得「上帝的右眼」稱號，可謂是百聞不如一見。

男主角彈琴的湖邊碼頭位於伊瑟爾特瓦爾德（Iseltwald），這個湖畔小鎮非常迷你，遊人也極少，然而在我遊歷過的瑞士小鎮中，它的美絕對排得上號。

布里恩茨湖區被稱爲「瑞士最純淨的湖」

伊瑟爾特瓦爾德位於布里恩茨湖畔

值得一提的是劇中男主角在瑞士修讀的音樂學院實際取景地點並非一所學校，而是一家擁有百年歷史的古堡酒店，位於瑞士最高的吉斯河瀑布（Giessbach Falls）邊上。酒店依山傍水，稱得上度假的理想之地。

想要前往這所「音樂學院」參觀，有兩條路線可以選擇，一是乘遊湖的遊覽船抵達吉斯河碼頭，再轉乘纜車；或者可以沿著瀑布園區的步道，緩緩上山。我選擇後者，以步行的方式前往古老的吉斯河酒店，雖然往返要花上一個多小時，卻很值得。

我走在步道上，一旁就是飛流直下的瀑布，甚至還有木棧橋架在瀑布上，可以近距離欣賞瀑布的壯觀水勢，並且遙看另

1.吉斯河瀑布
2.沿著瀑布園區的步道可遠觀如童話世界般夢幻的吉斯河酒店

一端如童話世界般夢幻的城堡，這座紅白交錯的建築，就是由法國建築師Horace Edouard設計的吉斯河酒店（Grand Hotel Giessbach）。我一時來了興致，仿照劇中男主角跟同學們從「學院」裡拾級走下來，神態自若，未知導演可收貨（粵語：感到滿意）否？

我也不吝惜腳力，在酒店內巡遊一番。據說這間酒店過去爲上流人士的聚會場所，無論是外觀或是內部，都保存得相當完好，讓人幾乎忘記它如今已有一百四十七年的歷史。酒店外面偌大的露台，正對著靜謐的布里恩茨湖。看著湖水倒映雪山、森林，還有瀑布的襯托，環境如此清幽美麗，一切心中煩惱都隨之煙消雲散了。

吉斯河酒店

既然上面提到了「上帝的右眼」，自然就有「上帝的左眼」，那就是位於布里恩茨湖下游的圖恩湖（Lake Thun）。在群山的環抱下，純淨的碧藍色湖水與晴空交相輝映，自然風光令人流連。圖恩湖旁，有一座錫格里斯維爾懸索橋（Sigriswil bridge），這條橋長三百四十米，高一百八十米，懸空在山谷中。

當我走在橋上，感到橋身在搖晃，而從橋上眺望四周，風景十分壯麗，可以欣賞到伯恩阿爾卑斯山與圖恩湖的湖光山色。這座橋正是《愛的迫降》男女主角初次偶遇的地方。女主角準備跳橋輕生，男主角機智地請

懸空在山谷中的錫格里斯維爾懸索橋

她拍照的那一幕，一下子浮現我的腦海。爲了拍出更美的照片，我連續兩天都來到橋上，希望能捕捉到更美好的一瞬間。

劇中男女主角也多次來到風景優美的少女峰山區（Jungfrau Region）。少女峰被稱爲歐洲屋脊、歐洲之巔，當然名不虛傳，又是取景拍攝的熱點。我繼續追隨劇中人的步履，搭上了齒軌火車，從勞特布魯嫩（Lauterbrunnen）出發。齒軌火車是鐵道的中間另外設置了一條齒軌，而火車的底部也配備了齒輪，行走時齒輪與齒軌嚙合，提升火車的爬坡力。

火車抵達小沙伊得克（Kleine Scheidegg，或譯爲小夏戴克），這兒就是男女主角眺望飛行傘的地方，車站旁就是取景地。小沙伊得克是前往少女峰的轉運站，要在這邊轉乘紅色車身的列車。鮮紅列車行駛在綠意盎然或白雪皚皚的山間，特別醒目。我也轉搭了這列紅色的「雲霄火車」，緩慢地往高處爬升。翠綠的山坡上，多次見到搖晃著牛鈴的牛群，好一副充滿代表性的瑞士風光。

1.火車的底部配備了齒輪，行走時與軌道齒軌嚙合，提升火車的爬坡力
2.往返少女峰的紅色列車奔馳在山坡上
3.小沙伊得克車站

接著我乘齒軌火車回到綠色山谷的格林德瓦（Grindelwald），它是進出少女峰的門戶，又名艾格村（Eggboden），是海拔一千多米的山中小鎮，坐擁壯麗秀美的阿爾卑斯山景觀，不僅高山環繞，亦是最接近冰川的小鎮。近年來，格林德瓦已成爲瑞士新興的旅遊熱門小鎮，這裡冰川特別多，要想知道層層積雪怎樣堆積成爲巨大冰川，大可到小鎮尋找答案。

我沒有留戀鎮內風光，爲了不錯過山上美景，搭纜車前往海拔2,168米的費斯特（First）。在費斯特可以進行許多活動，如健行、滑板車，

在費斯特懸崖天空步道欣賞歐洲屋脊的壯闊美景

龍疆是唯美浪漫的度假勝地

甚至是刺激的空中飛索。《愛的迫降》中女主角乘完飛行傘降落後，與男主角相遇的地方，正是費斯特。這裡設有一段免費的天空步道，叫做懸崖天空步道（Cliff Walk），有沿著山壁建造的懸崖步道，還有吊橋，步道的扶手和底部是可以看到四周風景的鏤空網狀設計，更有一段是玻璃地板，相當刺激。踩在玻璃步道上，欣賞「歐洲屋脊」的壯闊美景，晶瑩清澈的山間湖泊，以及散落在山谷間色彩繽紛的小屋，一切有如童話世界般。

戲劇結尾，男女主角的浪漫度假地選在了隱世小鎮龍疆（Lungern），小鎮就在琉森（Luzern）附近的龍疆湖

俯瞰整片龍疆湖區

畔，龍疆湖是一座由水壩圍成的人工高山湖，湖水藍得透綠。我繞著湖邊小徑走過去，穿梭於小鎮之間，鎮內民房依山勢而建，環境整潔舒適，一步一景，到處瀰漫著寧靜悠閒的童話氣氛。開車到鎮外的最高點，俯瞰整片湖區，湖水藍得透綠，更是絕妙！只覺如畫中遊、天上行，美得沁人心脾，難以用筆墨來形容。

我追蹤劇中美景之旅到此暫告一段落，《愛的迫降》劇集在中、港、臺的播放均已告結束，但我的美麗迫降才剛剛開始。因疫情關係，我被迫留下來，繼續探索更多瑞士的湖光山色，也藉這個機會與大家分享。

Chapter 02

蘇黎世大區

位於瑞士東北部，僅包含蘇黎世州一州，主要語言爲德語。大區內的主要城市包括瑞士第一大城蘇黎世，及第六大城溫特圖爾。

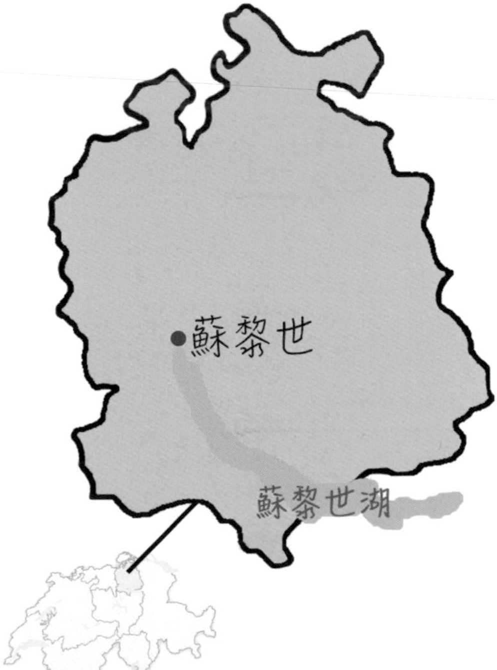

疫情之下的瑞士第一大城‧蘇黎世

蘇黎世（Zurich）是我每次到瑞士必定前往的其中一個地方，對這個城市太過熟悉，反而不知從何說起。況且蘇黎世在國際上的知名度幾乎家喻戶曉，似乎並沒有太多新意可講。但疫情之下，總有些地方與往日不太一樣，一些平常的場面現在卻難再見。身爲瑞士全面解封後第二天（二〇二〇年六月十日）的首批旅客兼觀察者，我試圖將疫情剛過的日常記錄下來。

蘇黎世是瑞士最大的城市，然而乍看之下卻顯得相當普通，沒有國際大都市的現代感，其實它是世界上最富有的幾個城市之一，生活水準高，被譽爲「歐洲億萬富翁都市」。走在街上，一個擦肩而過的人，也許就是一個隱形的超級富豪。

蘇黎世湖畔的歐式建築

這天天朗氣清，晴空碧藍如洗；蘇黎世湖平靜無波，白天鵝與野鴨悠閒自在；遠處初夏的山頂上依舊帶著殘雪，閃耀銀色的光芒，與湖畔櫛次鱗比的歐陸建築一同倒映在湖面上。一切是如此的寧靜，新冠疫情彷彿未曾在此出現過。

1
2
3

1.利馬特河畔，右方尖塔爲聖彼得教堂，左方爲聖母大教堂
2.當地居民在蘇黎世湖畔餵養天鵝和野鴨
3.利馬特河，左方尖塔爲聖彼得教堂，右方河畔建築物爲蘇黎世市政廳

經過湖邊碼頭時，我發現在這兒聚集的人相當隨性，彼此閒聊的時候並沒有配戴口罩；岸邊街道上一群年輕人揮舞著彩旗，一邊跑一邊興奮地叫著，像是慶祝疫情的「結束」，此舉未免太過大意了。

蘇黎世火車站正進行維修，下面的地下購物商場照常營業。這裡商品種類繁多，於是我藉機閒逛了一番。火車站正對面是聞名於世的班霍夫大街（Bahnhofstrasse），德語的意思是「火車站大街」。這條大街從蘇黎世火車站一直延伸至蘇黎世湖畔的布爾克利廣場（Bürkliplatz），全長約一點四公里，是歐洲最長的一條購

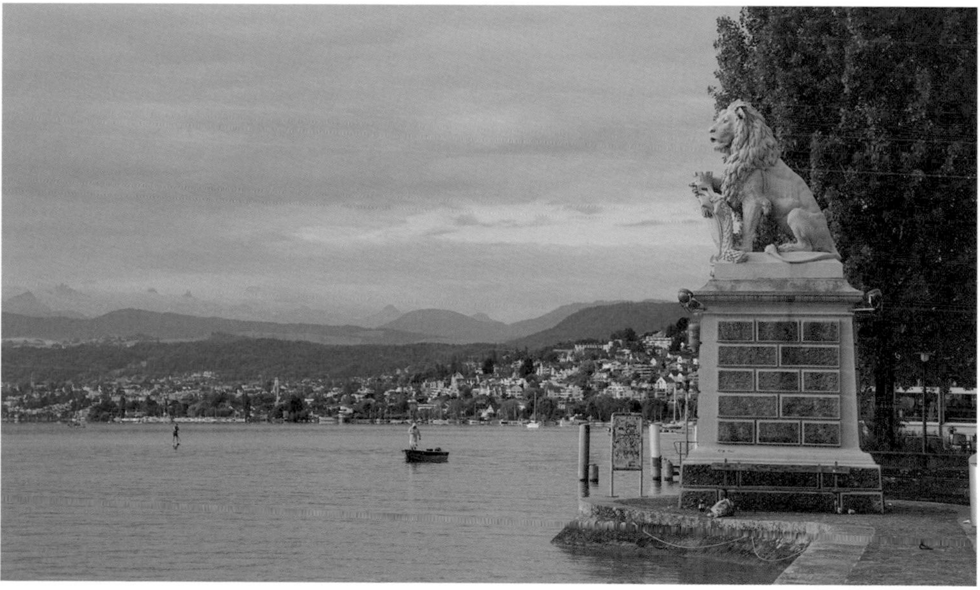

一座獅子雕像面向蘇黎世湖

疫情影響下的班霍夫大街，行人多無戴口罩

物大道。儘管大街的繁華程度比不上臺北的信義路，以及上海的外灘，不過它兩旁的舊建築維護得很好，古典優雅，呈現低調的奢華感。仔細看去，會發現這些商店盡是世界級的頂尖名牌，包括我所熟悉的「愛瑪仕」、「L.V.」、「VCA」等，以及歷史逾百年的皇家御用品牌，應有盡有。難怪大街也被公認爲世界最昂貴的購物街之一，足可媲美紐約的第五大道，與巴黎的香榭麗舍大街相較，也是不遑多讓。

儘管這裡的民衆對於疫情似乎顯得不太在意，但疫情對經濟的影響還是實實在在地表露無遺：大街上不少商店的大門緊閉，有些只是暫時性的，有些估計再也等不到重新開業，索性關門大吉了。至於那些尙有營業的商店爲了生存，也推出種種促銷技倆，不僅商品打折出售，折扣率甚至低至兩折、三折，在班霍夫這寸土寸金的商業街上，這種大幅度的割價促銷，在以前是無法想像的，顯然這些經營者都懂得「要錢不要貨」和「現金爲王」的營商道理。卽便如此，目前看來市民的購物消費欲依然很低。疫情對於瑞士，乃至於歐洲所產生的影響，還是很深遠的，要回復往日繁華現象，我估計少說要化上一、兩年時間了，那還得是在疫情得以順利控制的前提之下。

班霍夫大街除了設有衆多高檔商品的店舖外，同時也是世界上知名的經濟金融中心，甚至還有人把它與紐約相提並論，給予「瑞士的華爾街」的稱號。不僅全球十大銀行早就在這裡占有一席之地，許多有名的瑞士私人銀行總部也設於此，林林總總共聚集了兩百多家銀行。每天、每月、每年在此調動和流動的資金，數字想必難以估計。早在三十年前，我就得知若要在這些私人銀行開戶，最低的存款標準是五百萬美元。可想而之，擁有瑞士銀行帳戶的存戶，眞的非得是「腰纏萬貫」的富翁不可了。據說很多外國金融機構還使用銀行的服務存放國家的黃金儲備，而銀行的金庫據稱就藏在班霍夫大街下方，如若屬實，我今天走在大街上，豈不是腳下有黃金？

如果是初次到訪蘇黎世，班霍夫大街所在的舊城區可以多花點時間停留。區內不僅有博物館、美術館，包括蘇黎世大教堂在內的三大教堂也都位在此區。街頭巷弄不單有充滿歷史感的石板道路，具中世紀風情的古老建築，這些舊文化的氛圍很值得慢慢品味。

1.石板道路旁的餐飲小攤
2.帶有露天座位的餐廳二樓牛裝飾相當吸睛
3.鋪設石板路的老城區一隅

蘇黎世位於瑞士的德語區，德式風味餐廳很多。在中心舊區的閱兵廣場上，有間歷史悠久的軍火庫餐廳（Zeughauskeller），是這個城市最大的啤酒屋之一，其中德式香腸最爲地道，種類繁多，口味齊全。餐廳建築原來是作爲兵器庫使用，被燒毀後重建，便改造成餐廳，如今牆上依然掛著作爲裝飾用的各種老式武器，很有特色。這天，還未到晚餐時間，餐廳外面已經高朋滿座。卽使在疫情下，人們對這家餐廳的熱愛依然不減。不過受限於「社交距離」的規定，內部的座位和食客銳減了最少三分之一。

高朋滿座的軍火庫餐廳

Chapter 03

高原大區

位於瑞士西部，首都伯爾尼位於此區。大區由五個聯邦州組成：伯恩州、弗里堡州、索洛圖恩州、納沙泰爾州和汝拉州。其中伯恩州、弗里堡州爲德語和法語的雙語州，納沙泰爾州和汝拉州爲法語區，索洛圖恩州爲德語區。

最安靜祥和的首都：伯爾尼

眾人皆知「獅城」新加坡，卻不曉得「熊城」伯爾尼（Bern，臺灣譯爲伯恩）。乍聽之下，可能都沒想起伯爾尼是哪裡，更不用提它貴爲瑞士首都的身分。或許是因爲瑞士的名城太多，在眾多旅客心中，伯爾尼並非一個廣爲人知的旅遊地。一提到瑞士，腦海首先浮現的不外乎蘇黎世、日內瓦、琉森這些繁華時尚之都，或是阿爾卑斯山腳下那些滑雪小鎮，相較之下伯爾尼實在是太低調了，低調到提起它都不會第一時間想到它跟瑞士的關係。作爲一國之都，不知道是幸是憾？

與大多數旅客相比，我與伯爾尼的關係要親近很多，每年因公因私都會到訪三、四遍，尤其在二〇〇八年瑞士華商會成立以來，我作爲瑞士第一個註冊商業團體的會長，更是幾乎把伯爾尼當作在歐洲的老朋友，用「海內存知己，天涯若比鄰」來形容我跟這個城市的關係也未嘗不可。

伯爾尼位於瑞士西部高原的中央山地，是該國的心臟地帶，人口僅十五萬，建城已有八百多年歷史，屬於瑞士的德語區，它的名字Bern就是從德語的「熊」演變而來。至於爲什麼會以一個動物來命名？這就要從當初這座城市的創建者說起。傳說十二世紀末，

阿勒河與左邊的熊公園

瑞士中東部的統治者哲林根公爵（Zähringen）要在伯爾尼建立軍事要塞，爲了給此地命名，公爵決定外出狩獵，以捕獲的第一頭野獸作爲城市名，而公爵最先獵到的就是一隻熊，於是有了今日的「熊城」伯爾尼，熊也因此成爲伯爾尼的代表圖騰。因爲這個歷史淵源，伯爾尼市民對熊格外鍾愛，凡是與熊有關的裝飾、紀念品以及建築物上的熊雕塑在城裡隨處可見，就連伯爾尼的市徽也用「熊」作標誌，甚至在古城對面的阿勒河（River Aare）一帶建一座占地六千平方多米的公園，讓熊得以在園區內自由地生活，並讓市民近距離

阿勒河穿越伯爾尼城

觀察熊的生活。

二〇二〇年，我再度回到伯爾尼，已是初夏時分，錯過了熊公園山坡的玫瑰園盛開季節。每年春季是到園內賞花的最佳時機，那時山坡上繁花似錦，宛如一座花園城市。

伯爾尼被阿勒河一分爲二，東岸爲新城，西岸爲老城，河上有七座寬闊人橋，連接老城和新城，來往兩岸的交通非常方便。老城區曾遭祝融燒毀，原來木結構的建築被焚毀殆盡，重建後改採砂岩石材建造，但依舊保留中世紀的歷史風貌，在一九八三年被聯合國教科文組織列入世界文化遺產名錄中。

古城建築上方是民房，下方是拱廊，圓弧形的廊頂，樣式典雅，建築結構類似「騎樓」

古城的建築歷史悠久，上方是民房，下方是拱廊（Lauben），圓弧形的廊頂，樣式典雅，建築結構類似「騎樓」，都是百年前初建的風格，整段長達六公里，如今成爲歐洲最長的有蓋購物拱廊，行人在拱廊下面行走，既可免除風吹日曬，又可盡情欣賞每間商店布置精美的櫥窗。拱廊的地下也有玄機，靠近街道的地方有一扇扇斜斜的木門，走下去後另有天地，這些地窖現在多改裝爲地窖咖啡館、餐廳或酒吧，相當有趣。拱廊的建築物外牆都有傾斜的支撐柱，最初我以爲這是當地的建築特色，多方面了解後，才知道是爲了防地震，類似這般用斜柱支撐的建築，其實在歐洲許多山區國家都會運用，其功效基本是一樣的。

伯爾尼老城區的街上很多噴泉，素有「泉之城」的美稱。每座噴泉豎有一根塑像柱，泉水從柱石下方汩汩流出，水質乾淨清澈，也可以飲用。這些噴泉上的雕塑都各有故事和傳說，例如鐘樓前面的哲林根噴泉（Zähringerbrunnen），就是爲了紀念建城的公爵，雕塑是一隻穿著戎裝的熊，腳下也站了一隻幼熊，噴泉就位在並不寬闊的克拉姆街（Kramgasse）上，非常顯眼；正義之泉（Gerechtigkeitsbrunnen）上的「正義女神」一手執劍，一手端著天秤，最有趣是她腳下踩著的都是權貴人物，象徵正義不畏權力；射手噴泉（Schutzenbrunnen）象徵伯爾尼威嚴，穿著盔甲、舉著旗幟的射手腳邊有一隻持槍射擊的小熊；食童噴泉（Kindlifresserbrunnen）相當驚悚，吃人鬼正在吞吃一個小孩，包袱

1
2

1.紀念伯爾尼建城者的哲林根噴泉
2.象徵正義不畏權力的正義之泉

1.手拿伯恩州旗幟的旗手噴泉
2.徒手搏鬥獅子的參孫噴泉，象徵戰場上勇敢的戰士們
3.紀念在伯爾尼捐獻第一座醫院的安娜塞勒噴泉，後方爲監獄塔，原本是舊城牆的一部分，之後改做監獄，如今爲遊客服務中心

裡還有好幾個面容驚恐的小孩。據說過去為了阻止小孩靠近壕溝發生危險，才設了這個塑像。此外，還有各種不同造型的噴泉，若跟著導遊，想必他會逐一介紹每座噴泉的故事，饒富趣味。如今全城共有一百多處飲水泉眼，其中十一處自十六世紀起就已存在，提供人和馬匹飲水用，到今天依舊風雨不改，見證老城的變遷。

伯爾尼除了噴泉多之外，在尼德格教堂（Nydeggkirche）的另一邊，也有多家規模較大的博物館，其中我曾參觀過歷史博物館（History Museum）、藝術博物館（Art Museum）、瑞士高山博物館（Swiss Alpine Museum）等，館內收藏品五花八門，相當推薦前往參觀，保證大有收穫。

伯爾尼大教堂大門上方的最後審判雕塑

哥特式伯爾尼大教堂

老城最具有代表性的建築，是一座始建於一四二一年的哥特式伯爾尼大教堂（Berner Münster），它是瑞士最大的宗教建築，耗費數百年才完成。教堂內外的聖蹟浮雕和塑像，個個栩栩如生，是精雕細琢的工藝品。教堂內十八世紀的管風琴由五千多根銅管組成，是瑞士境內最大的。每逢節日或活動，就能聽見管風琴悠揚美妙的樂聲。教堂的塔樓建於十九世紀，宏偉壯觀，高聳入雲，是全瑞士最高的塔樓，一道盤旋而上的階梯有三百四十四級之多，沿階梯登上一百米高的頂部，能夠將阿爾卑斯山脈群峰和整座城市盡收眼底。塔樓內部安裝兩層的巨鐘，總重量數十噸，每天正午和下午六時，鐘聲都會響遍全城。

我和很多華人旅客一樣，都愛到克拉姆街四十九號的一座小樓——愛因斯坦之家（The Albert Einstein House），這兒是科學家愛因斯坦（Albert Einstein）的故居，他在此發表了著名的狹義相對論（Special Relativity），對物理界造成劃時代的意義。這位赫赫有名的科學家曾經說過：「狹義相對論誕生在伯爾尼克拉姆大街四十九號，廣義相對論是在伯爾尼孕育的。」這句話說出伯爾尼對相對論的重要性。當地政府對於故居的保護十分重視，故居開放旅客參觀，同時增設了愛因斯坦博物館，讓後人更了解他的生活環境、智慧和科學成就。不過這間小樓在大街上絲毫不顯眼，除非刻意尋找，否則很容易錯過。

EINSTEIN-
HAUS
EINSTEIN
café & belétage

故居附近還有城中的標誌性古鐘塔，建於十三世紀，是城內最古老的建築物，最初是進城的城門，後來才改爲鐘塔。鐘塔頂上安置一座設計相當複雜的大鐘，除了報時的功能外，還可看出季節、月分、日期、星期以及月亮圓缺，每逢正點，會有兩個小金人準時敲擊，接著一連串的動物、人偶造像隨即旋轉而出，吸引旅客駐足欣賞表演，是一場賞心樂事。

身爲瑞士首都，伯爾尼是國家的政治中心，瑞士聯邦政府和議會大樓（Bundeshaus）就坐落在老城區，它始建於一八五二年，至一九〇二年才竣工，共花了五十年時間，是一

1.愛因斯坦之家，目前一樓是咖啡廳，二樓故居開放旅客參觀
2.古鐘塔地標

瑞士聯邦政府和議會大樓

座宏偉的文藝復興時期建築，由漢斯·奧爾（Hans Auer）建築師設計，另由三十八位藝術家參與設計裝飾，大樓外牆厚重大氣，安置著瑞士二十六個州（Canton）的圖騰。整座大樓由中央主樓和左右兩翼組成，中央主樓是議事廳和中央大廳，兩翼的建築是聯邦政府的辦公處。

大樓的面前則是一座有二十六道噴水設計的聯邦廣場。我曾多次和當地僑胞在廣場上歡迎中國領導人的訪問，當地旅居華人都將廣場擠得水洩不通，氣氛熱烈感人。這座廣場是開放式的，完全沒有戒備，也沒有圍欄，對所有市民全天候開放，節日會在此設有集市攤位，也有多元的文化演出，當地政府接受民間團體申請使用，三年前我也曾經在廣場舉辦了個人攝影展，吸引不少逛廣場的市民大衆參觀。議會大樓在休會期間，亦接受團體預約參觀，讓市民更爲了解國會議員的工作環境。

議事廳定時對外開放，我曾經入內參觀過。大廳顯得富麗堂皇，莊嚴而氣派，玻璃穹頂是各州的盾形紋章圍繞著瑞士的國徽，穹頂下方的拱窗，則有幾幅彩繪玻璃的瑞士風景畫。最受注目的是三尊人物的塑像，他們是瑞士聯邦的締造者，這段歷史可追溯至一二九一年八月一日，當時在琉森湖畔的呂特利（Rütli）草坪上，來自烏里（Uri）、施維茨（Schwyz）和下瓦爾登（Unterwalden）的三位代表，因不堪當時哈布斯堡家族的壓迫，於是一起聯合簽訂了有「呂特利盟誓」（Rütli Oath）之稱的《聯邦契約》（Bundesbrief），開啟了瑞士最早的聯邦制，而這三尊塑像就是「老三州聯盟」的象徵。

今日瑞士聯邦制定了聯邦憲法，並設立中央政府，各州有各自的行政自主權，但從屬一個統一的國家。同時，瑞士聯邦的國會議員都由人民直接選舉產生，凡滿十八歲的公民都有投票選舉權。不可不知，瑞士一向保持中立，沒有參加過戰爭，不過這個國家是全民皆兵，軍隊實行民兵制，並非由職業軍人組成，爲了保衛國家免受外敵入侵，男女公民均有入伍服役的義務。在過去，樓房的地下室都另闢一室，放置防煙防核的設備，還有可供短時間應用的生活物資。九〇年代，我曾受一位瑞士客戶的邀請，到他家作客，親自見證這樣一座防戰「地堡」。可想而之，瑞士這樣的小國，防衛意識相當高。

有關伯爾尼的餐飲，我在集團歐洲分公司負責人邱總的介紹下，和到訪的朋友多次享用過一家地窖餐廳（Kornhauskeller），百年前這裡原爲伯爾尼市政府囤放穀物和葡萄酒的倉庫，直到一九八八年才由義大利餐飲集團予以改造，變成一家豪華的特色餐廳。當我和朋友拾級而下，只見到餐廳內上自穹頂，下至四周牆壁，全部都繪上精美的壁畫，宛如

伯爾尼市政廳

一座豪華的宮殿，美侖美奐之餘，還有浪漫氛圍。在這裡可以享用經典的伯恩盤（Berner Platte），是包括豬肉、香腸，配上酸菜、培根、馬鈴薯等的拼盤。

俗話說「一方水土養一方人」，伯爾尼南部一座被森林覆蓋的山是當地著名的乳酪（或稱芝士、起司、起士）產地，乳酪火鍋（Fondue）是當地最受歡迎的美食。顧名思義，它的做法是先往鍋里放入兩到三種乳酪（多的甚至有五到六種），用白葡萄酒或櫻桃水果蒸餾酒把乳酪煮溶，不同於中式火鍋，瑞士的火鍋涮的全是素菜，用麵包、水果、蔬菜蘸著乳酪來吃。這天天氣不錯，市民索性坐在餐廳的戶外座位，一起享用火鍋美食。他們對於乳酪火鍋的鍾愛程度，就如同我們喜愛吃餃子或麵食一樣，算是非常普通的美食。不過我向來對西餐不太感興趣，這種乳酪的吃法雖會嘗試，卻談不上喜歡，況且火鍋氣味濃烈，亦不易爲大多數亞洲人接受。

「食」雖然是見仁見智的問題，但絲毫不影響「食文化」的交流。自二〇一八年起，伯爾尼連續兩年舉辦了《中國美食文化節》，由中國駐瑞士聯邦大使館主辦，並由瑞士華商會協辦。作爲華商會會長的我，很樂意引進中國傳統飲食文化，同時也得考慮西方人的口味，因此我分別邀請來自香港、揚州和杭州的廚藝師傅，兩次均以淮揚菜作爲重點特色菜式。要知道新中國的開國第一宴，周恩來總理就選擇淮揚菜作爲國宴菜，臺灣詩人余光中先生也盛贊「揚州菜香，舉國口饞」。師傅們精湛的廚藝表演，每每征服在場的中外來賓，看得如癡如醉，說明中國美食拉近了兩地的關係。假如沒有疫情的話，二〇二〇年的第三次美食文化節應該已經如期在十二月舉行了。期待將來的廚藝美食交流活動能一如既往，年年舉辦。

身爲伯爾尼的常客，我每次到來，總愛留宿在聯邦廣場上的酒店，這次也不例外，不管有沒有疫情，每天都到露天平台上用餐，欣賞眼前的山水美景，悠然自得，煩惱盡失。所以建議各位朋友，不要再把這裡當做中途站了！伯爾尼雖然低調祥和，卻值得多花一些時間駐足欣賞。正如當地的俗語：「瑞士鐘錶多，伯爾尼時間多。」這個極其平民化的首都，有它的歷史和現代價值，不只是首都城市那麼簡單。

一上和一下：圖恩

先前我曾經提過因追韓劇而到達有「上帝的左眼」之稱的圖恩湖，美豔的湖光山色令人難以忘懷，圖恩湖的名稱就是源自圖恩小鎮（Thun）。

圖恩是一座古城鎮，源自高盧族人，後來多番易手，曾受過羅馬人、勃根第人的管治，後來又成爲貴族的私人所有，到十九世紀才加入瑞士聯邦，因此鎮內保留著相當多的文化遺產和多元的建築。圖恩這個名字其實來自高盧的凱爾特語Dunum，即「防禦要塞」的意思，今天小鎮山丘高處仍屹立一座建於十二世紀的圖恩城堡（Schloss Thun），證明此地乃兵家必爭的戰略要地，防禦城堡的地位可見一斑。

圖恩一地，除了風景優美的圖恩湖外，古城鎮本身也有它的吸引力。城鎮臨水而建，澤水而居，與湖泊相依相襯，更有瑞士境內最大河流——阿勒河穿過。這天在往古鎮的路上，遇上一場突如其來的滂沱大雨，我在車上感到忐忑不安，心想這次可能去不成圖恩小鎮了。幸而抵達古鎮中心時，大雨戛然而止，天空造美，天色放晴，我興奮地馬上動身遊古鎮。

司機告訴我鎮內有「一上一下」經典景點，上方是山丘高處的圖恩城堡，而下方是橫架在阿勒河上的廊橋。我於是按司機的建議，先到山丘上參觀城堡。由於疫情關係，這座已

經改爲博物館的城堡閉館多時，開館時間遙遙無期。不過單從外貌看去，城堡有點像「迷你版」的德國新天鵝堡，中央一座塔頂，四周各有圓形高塔，外觀簡樸典雅。後來我又走了一趟圖恩，這回順利進入堡內參觀，城堡內有五層樓，介紹伯爾尼地區近四百多年的歷史和人民的生活經歷，又陳列史前到十九世紀在該區發現的文化遺產，包括家用器皿，以及當地製造出品的陶瓷等，同時還保留原來的騎士廳，展示過去士兵的盔甲軍裝和兵器。其中最有看頭的莫過於登上最高的塔樓，整座圖恩鎮周圍的山景風光盡覽無遺。

1.圖恩城堡外觀
2.圖恩城堡內的文物陳列
3.從圖恩城堡俯瞰，可見到左方的新教教堂、阿勒河和更遠的圖恩湖

1.當地居民在橋後方衝浪
2.木廊橋上
3.木廊橋外觀和阿勒河

城堡周圍有市政廳和廣場等，與其他城鎮並無太大分別。這裡的房屋受到附近伯爾尼的影響，民房結構和裝飾如出一轍，區別不大。我按司機指引的方向，從鎮中心來到阿勒河畔，雖然經過一場大雨，河水卻未混濁，依然清澈。兩岸的樓房映照在河面，在雨後陽光下，色彩顯得更加豔麗。

穿鎮而過的阿勒河上有兩座古老滄桑的木廊橋，它們就是司機口中「下方」的標誌性景點，外觀跟琉森那座聞名的花橋（廊橋）有幾分相似，不過論名氣就有天壤之別了。它沒有卡佩爾廊橋那麼長，頗有幾分小巧精緻感，廊橋兩邊栽種不少鮮花，把它點綴得更爲可愛。湍急的水在橋下流過，我走上廊橋，發現原來它是一座調節水流的水閘，機器看來相當老舊，很有歷史感，即便如此，它依然堅守崗位，疏導湍急的河水，讓河水不致氾濫成災。

廊橋另一邊，我見有好幾位少男少女，身著泳裝，竟然迎著橋下翻起的白浪開始衝浪，原來這裡的湍急河水反而成爲培養衝浪運動員的天然場地，我和一些市民一道圍觀欣賞他們衝浪的英姿。

阿勒河兩岸開設多家露天咖啡室和餐館，我乘機坐下來飲杯咖啡，放空一下，此爲人生一樂也。

阿勒河兩岸開設多家露天咖啡室和餐館

圖恩湖畔還有一處勝似仙境的施皮茨小鎮（Spiez），曾被《孤獨星球》旅遊雜誌（Lonely Planet）選爲瑞士最美小鎮。小鎮面對圖恩湖，背靠群山，周圍有大片的葡萄種植園和青草地，整體面積不到十七平方公里，人口約一萬兩千人，房屋多沿湖而建，錯落有致。這裡有一座施皮茨城堡（Spiez Castle），面積不大，但被一堵很高的城牆圍繞，外觀看起來十分牢固。堡內設有博物館，介紹此區域的歷史。就像許多瑞士的小鎮般，施皮茨顯得寧靜而悠閒，在鎮內漫步，細細品味與世俗繁忙完全兩樣的緩慢步調，趁著陽光明媚，走上小鎮的最高處，面前開豁的視野，如畫一般的山水風光，實在是美不勝收！

1

2

1.施皮茨小鎮，最高的建築物就是施皮茨城堡
2.施皮茨城堡內的教堂

兩湖之間·因特拉肯

有人說，瑞士的山水並不寫意。並非它不夠美，而是因爲它更像是一幅幅色彩飽滿的油畫。因特拉肯（Interlaken）被讚譽爲「上帝的雙眼」，就是一個色彩濃烈的美麗小鎮。因特拉肯在拉丁文原意，是「兩湖之間」，而它的位置就在圖恩湖及布里恩茨湖之間，所以又被稱爲湖間鎮，一條清澈的阿勒河從城中流過。這是一個因觀光而興起的小鎮，旅客紛紛被「少女峰」的「美豔」吸引而來。

阿爾卑斯山脈中的著名山峰——少女峰被封爲「歐洲之巔」，以山峰和冰川聞名，因特拉肯就位於「歐洲之巔」下，據說第一次旅遊瑞士的旅客，必定會將因特拉肯排入行程內。每逢夏、冬的旅遊旺季，四面八方旅客湧至，想要預訂當地的酒店或民宿，至少需要提前三個月到半年時間，否則只能露宿營地了。過去我曾路過多次，那時眞是一房難求，這次疫情反而讓我獲益，臺灣亨強旅行社的陳總還特別爲我安排到位置最佳的維多利亞酒店（Victoria Jungfrau Grand Hotel & Spa），每天推開窗戶，面前就是令人神往的少女峰，大飽眼福。這座酒店同時也是《愛的迫降》結局中兩位主角相聚的地方，酒店前面是一片茵綠的大草坪，也是滑翔傘運動的熱門場地，五彩的滑翔傘隨風飄舞，蔚爲奇觀，讓我再次回

憶起劇中的情節。

第二天我專程登山，乘坐的小火車經過之處，滿山蒼松、綠草如茵，漫山遍野綠意盎然，又因鮮花點綴，更增添繽紛色彩，眞是仙蹤處處。雖說我已來到少女峰多次，卻以這次的印象最好，因爲登山旅客相當少，車廂內保持寧靜，不會影響到觀賞的心情。讓我體會到那「青山看不厭，流水趣何長」的舒心稱意。

1.維多利亞酒店
2.每天推開窗戶，遠方的少女峰清晰可見

因特拉肯鎮上有一間木結構的民居，細心觀察可以發現它的外牆是用一小塊一小塊的圓木塊貼上去，就像魚鱗般，很有特色。鎮內也有一座木廊橋，比圖恩的更短，功效同樣是調節水流，我估計這類的木廊橋在伯爾尼高地一帶是相當普遍的。

1.魚鱗般外牆的民居
2.因特拉肯鎮上各具特色的房子

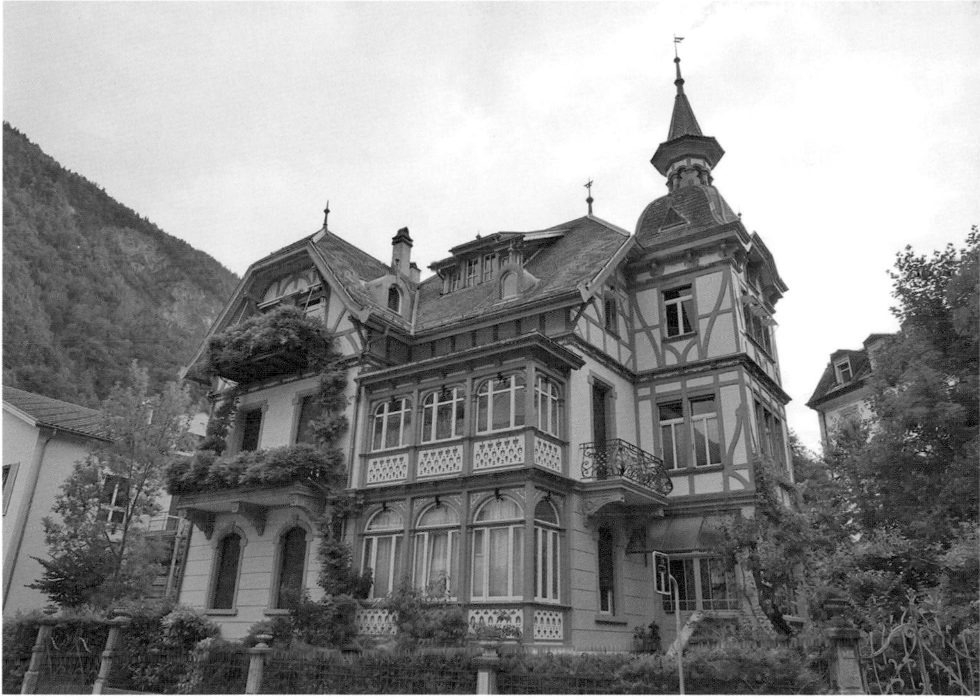

1

2

1.調節水流功用的木廊橋
2.木雕師傅工作區

我在鎮內轉悠，發覺當地居民很少外出，小鎮恬靜安閒。大多數商店關門暫停營業，市集也只有寥寥幾個賣蔬果的攤檔。我原先打算到商店找找富有當地色彩，卻被稱爲「抹布」的手工紡織工藝品，還有木雕刻和彩繪陶器也是許多人到此必會購買的紀念品。可惜疫情下，未能讓我搜羅到稱心的戰利品。

木雕之鄉與蛋白霜之鄉：布里恩茨、邁林根

《愛的迫降》劇中多個經典唯美的場景都出現在布里恩茨湖周邊，當我追完劇中主要的景點後，其實還順道去了一趟布里恩茨小鎮（Brienz）。不愧是獲得「木雕之鄉」美名的地方，當我閒逛於街頭巷尾間，隨處都能看到大大小小的木雕藝術品，不管是人物還是動物，個個雕塑得活靈活現、妙趣橫生。

鎮內還設有瑞士唯一培養木雕手藝人的學校，讓當地的木雕手藝繼續傳承，發揚光大，在物欲橫流的現今商業社會裡，實在難能可貴。雖然布里恩茨的名氣未如鄰居因特拉肯和施皮茨小鎮的名氣那般大，可是眼前呈現的景色，全都讓我驚豔不已，顯然對外宣傳尚需加強，否則遊客瞭解不足，在安排旅遊行程時，多半就把這裡忽略了。卻也因爲如此，小鎮顯得格外寧靜，偶然有行人走過，都是不疾不徐、優哉游哉。跟其他瑞士的小鎮差不多的格局，這兒的房屋乾淨整齊，家家戶戶栽滿花草，肯定是主人們精心打理過的。

若有機會來到小鎮，切勿錯過一條Brunngasse街，街上的木造房屋最早可以追溯到十八世紀，除了精美木雕作爲裝飾外，窗台、牆壁也都飾有色彩多樣的花卉和藤蔓，用漫步的方式瀏覽，是賞心悅目的一大樂事。鎮內還有一間瑞士唯一的木雕博物館，參觀館內精品

之餘，我也爲小孫子挑選到稱心滿意的小狗木雕，作爲他兩周歲的生日禮物。

我帶著愉悅的心情離開了「木偶之鄉」，轉至附近另一個小鎮——邁林根（Meiringen）。小鎮自古以來都是攀山和滑雪運動愛好者前往阿爾卑斯雪峰的必經之路，所以每天都有許多搭乘「黃金快線」火車的旅客來此鎮，是少女峰山腳下一處旅遊滑雪的度假小鎮。

進入小鎮後，我發覺大街小巷多數是蛋糕店和餐廳，其中蛋糕居然是我喜愛的「蛋白霜」（Meringue）。經過打聽，才發現原來這裡是蛋白霜的發源地，難怪小鎮名字與Meringue很接近，當地人叫「曼哈格」。此行竟然走

進了「蛋白霜之鄉」，眞是意外的驚喜。

1.小鎮一隅的雕塑
2.布里恩茨小鎮房屋乾淨整齊，家家戶戶栽滿花草
3.木雕博物館外的雕塑作品

蛋白霜泡沫脆餅

蛋白霜是一種泡沫脆餅，製作方式並不複雜，主要是攪拌蛋白將之打發，並混合白糖而成。另外也可加入其他材料，製成各式口味的蛋白霜。製作時不加油脂，口味十分綿密清爽。據我的了解，在法國和義大利，蛋白霜也同樣是薄有名氣的脆餅甜品，只是製作過程各有特色，口感和味道不同吧！法式和義式的口味我都品嚐過，卻未曾有機會吃到原產地的瑞式蛋白霜。事不容遲，我立卽買了一包，試試味道。果眞入口鬆化，可口香甜，令人回味！

我因貪嘴而耽誤時間，來不及乘坐纜車前往參觀小鎮最廣爲人知的福爾摩斯博物館（Sherlock-Holmes Museum），

小說以福爾摩斯與宿敵莫瑞亞教授雙雙墜入邁林根的賴興河瀑布而告終

事後才得知因疫情關係，博物館暫停營業，幸而沒有白跑一趟。《福爾摩斯》這部推理小說的作者柯南．道爾（Conan Doyle）將邁林根小鎮設定爲神探福爾摩斯（Sherlock Holmes）與宿敵莫瑞亞教授（Professor James Moriarty，或譯爲莫里亞蒂教授）的最終場景，在最後一章〈最後的案件〉中，兩人就是在此雙雙墮進瀑布的深淵裡而宣告故事結束。

此時已夕陽西下，我們得在當天返回日內瓦，而車程還有足足三個小時，受限於時間，唯有放棄觀看飛流直瀉的賴興河瀑布（Reinchenbach Falls，或譯作萊辛巴赫瀑布），悵然告別「蛋白霜之鄉」。

魅力小鎮：格施塔德

瑞士少女峰山下小鎮數不勝數，而我最喜歡其中的格施塔德（Gstaad）。每當我出差到瑞士，結束了伯爾尼的事務後，都愛到小鎮逗留半天，乘機休整充電一番。

格施塔德位於瑞士西南部少女峰地區，是一個人口僅三千五百人的山區小鎮，知名度並不高，不爲一般的旅客熟悉，所以專程來小鎮旅遊的人士不太多，卻反而受到歐洲王室、知名人士、荷李活（好萊塢）巨星等的青睞。

我認識這小鎮是一次偶然的機會，曾聽臺灣亨強旅行社陳總的介紹，在格施塔德的山崗上，有一家著名的格施塔德皇宮酒店（Gstaad Palace），酒店房間不多，只有一百間，因爲

山上的格施塔德皇宮酒店一房難求

薩訥河流經格施塔德

建在山崗之上，房間每扇窗戶都可以盡覽阿爾卑斯山脈壯麗的風景，是度假休閒的勝地。然而我多番嘗試預訂酒店房間，卻次次落空，皆因酒店接待過前美國總統卡特，又接待過影星安德莉．夏萍（奧黛麗．赫本）、歌星艾頓．約翰（艾爾頓．強）等人，慕名而來酒店，不乏其人。一般要提前半年時間才有機會訂到房間，所以我每次臨時訂房都無功而返。這兩年疫情爆發，我以爲會「執到寶」，輕易訂到房間，怎知這家酒店索性關門停業，讓我直至今日仍未能如願以償。

我曾經受瑞士銀行家邀請至酒店的「火鍋餐廳」享用過瑞士火鍋。酒店大堂內部裝飾豪華瑰麗，不過最令我難忘的莫過於坐在餐廳內，享受鬱鬱蔥蔥的森林和綿延不斷的山丘環迴三百六十度的包圍。俯瞰山下淙淙流過的薩訥河（River Saane），眺望隱藏在山谷間充滿魅力的格施塔德小鎮。自此之後，十年來，每年我至少會到小鎮蹓躂兩次。

小鎮的歷史悠久，居民向來以農耕、畜牧爲生。至於鎮內一所小旅舍，主要爲穿越阿爾卑斯的旅客和商人提供服務。一八九八年，這裡曾發生一場祝融之災，建築物嚴重損毀。後來小鎮重建時，政府訂下了新的規定：所有新蓋的建築物必須用木材建造、樓

房不能逾兩、三層，包括地下層的樓房，還得按傳統的建築風格，屋頂採用斜頂的設計，有些則是三角形的造型等等。由於這樣的歷史因素，如今當我們走進小鎮，可以見到大街上排列了一棟棟木造房屋，井然有序，房屋的模樣讓人不禁聯想到德國黑森林的布穀鳥鐘，爲小鎮平添了一份童話世界的魅力。

小鎮上各式各樣別具特色的木屋

2 1
1.小鎮多為低矮的木造房屋，世界知名的奢侈品牌紛紛林立於中心大街上
2.鎮內廣場一尊銅牛塑像擺放在石水槽前，形態栩栩如生

除了傳統的氛圍外，事實上格施塔德小鎮也很時髦，世界知名的奢侈品牌，如LV、愛馬仕、柏德菲臘（百達翡麗）及種種時尚服飾店紛紛林立於中心大街上，畫廊、高檔酒店和餐廳也應有盡有，幾乎可說是蘇黎世火車站大街的縮影。近年來，一批東歐匈牙利和俄羅斯的富豪來到小鎮購買豪華別墅，意圖將這裡打造成富豪天堂，也難怪這些世界名牌的專賣店會順應市場需求，開到深山之中。不過就我的觀察，目前似乎尚未有中國同胞發現這個購物的「祕密景點」。

我無暇關注大街上的名店，反而來到主街中央，此處有一座建於一四〇二年的聖尼古拉斯教堂，裡面的祭壇和壁畫古色

古香，值得來此欣賞一番。至於鎮內廣場也放置不少銅製的工藝品，一尊銅牛塑像擺放在石水槽前，作飲水狀，形態栩栩如生，相當傳神。

二十世紀初，瑞士政府建起一條「黃金快線」（Golden Pass）鐵路，總共有三條路線，其中由因特拉肯到蒙特勒的這段路線，不僅連接附近的城鎮，且將格施塔德與薩嫩地區（Saanenland）的薩嫩（Saanen）、魯傑蒙（Rougemont）、茨魏西門（Zweisimmen）、格施泰格（Gesteig）和勞厄嫩（Lauenen）等地聯結成一個度假旅遊區，以格施塔德爲中心，讓旅客體驗各區不同的旅遊風情。

1 2 3

1.聖尼古拉斯教堂
2.聖尼古拉斯教堂內部
3.格施塔德有多條纜車線及滑雪場

今天格施塔德打出「登高望遠，腳步放緩」（Come up, Slow down）的口號，希望把小鎮打造成一處品味與眾不同的勝地。除了有健行的路徑可以享受原始自然的山光水色，還設有多條登山纜車線和滑雪場地，讓熱愛運動的朋友一年四季都能找到喜愛的活動，大顯身手。看來，這個小鎮不僅會是富人的天堂，也將會發展成爲度假、運動人士的樂園了。

美麗少女的悲傷之淚：藍湖

中國四川的九寨溝景色享譽世界，其實瑞士的藍湖（Lake Blausee）也有「瑞士版九寨溝」之稱。究竟藍湖景色又是如何？是否跟「水景之王」九寨溝如夢似幻的景緻一樣令人讚歎？這天我見時間尚有餘裕，決定繞道前往藍湖一觀究竟。

藍湖位於坎德葛蘭德（Kandergrund），距離因特拉肯約一個小時的車程。現在已被規劃成藍湖自然公園（Blausee nature park），是政府的自然保護區。順著步道前行，來到藍湖邊上，發現它是個小巧玲瓏、隱藏在阿爾卑斯山脈中的絕美祕境。這座夢幻仙境般的森林湖形成於一萬五千年前，由一塊大岩石墜落撞擊而成，被譽爲阿爾卑斯山上「一顆閃耀的明珠」。湖水在陽光照耀下波光粼粼，彷彿水面上撒了無數的寶石。它常年保持湛藍晶瑩，從不同角度觀看，更呈現不同層次的藍色。遠山近樹倒映湖中，水上水下彷彿一個世界，卻又變幻無窮，蔚爲奇觀。

藍湖本身不大，繞一圈花不了多少時間。也可以選擇搭上小船，讓自己被湛藍湖水與岸上的秀麗景色所包圍。小船中央爲透明玻璃，供遊人欣賞湖底風光。岸邊還設有酒店和餐館，以及許多休閒設施，提供野餐烤肉等。

藍湖自然公園步道

1.美麗少女的悲傷之淚
2.遊客休憩區

藍湖其實有一段悲傷的愛情故事：傳說一位美麗的少女，每天晚上都來到湖畔，思念她因意外而死去的戀人。少女終夜以淚洗面，淚水流淌過少女的臉頰，滑落到湖中，竟把湖水染成了晶瑩清澈的藍色。有位藝術家聽了這淒美的故事，特地雕刻一個少女的雕像，沉入湖中。走在環湖步道時，或許有機會發現雕像的芳蹤。

瀑布小鎮與天空之城：勞特布魯嫩、米倫

傳說在遙遠天上 閃耀著光芒
有一座美麗的城 隱隱漂浮在雲中央
……
在天空的那座城 有小野花飄香
在天空的那座城 鳥聲似歌悠揚
——《天空之城》填詞：林妍君

「天空之城」遠在天邊，近在眼前。瑞士有一座小鎮名叫米倫（Mürren），它就是我心目中的天空之城。

米倫是一個坐落在海拔1,650米高的山崖上的小鎮，人口不超過五百人。瑞士的朋友三番兩次將這裡形容得像是天上有、地下無的夢幻小鎮，非其他瑞士小鎮所能比擬。我懷著半信半疑的心情，姑且走一趟，看看朋友是否誇大了說詞。

要前往米倫小鎮，勞特布魯嫩是必經之地。我曾到過山崖下的勞特布魯嫩，搭乘齒軌

勞特布魯嫩坐落於勞特布魯嫩山谷中

火車至小沙伊得克等地探訪《愛的迫降》拍攝景點。當時行程緊湊，並未安排登上天空之城。勞特布魯嫩坐落在擁有七十二道瀑布的勞特布魯嫩山谷（Lauterbrunnen Valley）中，所以有「瀑布小鎮」之稱。這裡不僅是全瑞士，甚至是全歐洲擁有最多瀑布的山谷。小鎮夾在高聳的懸崖峭壁間，走進鎮內，就可聽見流水聲響，抬起頭則能看見一股股清流順著懸崖「直下三千尺」，相當特別的自然環境，可說是得天獨厚。

在這些瀑布中，要屬施陶河瀑布（Staubbach Falls）最爲旅遊人士所稱道。瀑布的落差有三百多米高，是瑞士第二高的瀑布。當水自高處傾瀉而下，被山

勞特布魯嫩車站

谷內的風吹捲著，將水花灑向四面八方，形成了一片雲煙水霧。瀑布沖擊在地面發出的聲響，更是在山谷迴盪。德國詩人歌德就被眼前這座瀑布激起靈感，一時詩興大發，創作了《水上精靈之歌》（Song of the Spirits over the Waters），傳誦數百年。

山谷中還有一條氣勢更爲磅礴的特呂默巴赫瀑布（Trümmelbach Falls），是歐洲最大的地下冰川瀑布。瀑布區已被闢爲一處自然保護園區，只在夏季開放，我過去曾來到過園區，當時已屆閉園時間，不得其門而入。這次重訪，從園區售票亭一直走到入口處，不僅要搭乘電梯直達瀑布心臟地帶，還得再經過山澗長廊，

穿越隧道，走過濕滑的山路和觀景台，登上瀑布讓人震撼的源頭。走這段路必須小心翼翼，否則很容易摔倒受傷。

施陶河瀑布是瑞士第二高的瀑布

1.特呂默巴赫瀑布並非開放式的，而是在岩壁間穿插奔流
2.觀賞瀑布得走過溼滑的隧道山路，需相當小心

特呂默巴赫瀑布的水來自於少女峰冰川融化的流水，自高處沖下，據稱流水量每秒達到兩萬多公升。瀑布並非開放式的，而是在岩壁間穿插奔流。我順著次序逐步登上瀑布源頭觀景台，與這自然的偉大傑作來一次零距離接觸，沁涼的水花灑在臉上。洶湧奔騰的水造成地動山搖的氣勢，水聲震耳欲聾，令人望而生畏。

參觀過瀑布小鎮的兩大代表瀑布區後，我們繼續驅車前行，來到勞特布魯嫩河谷四百米上方，另一個以最近距離觀賞少女峰的渡假小鎮——文根（Wengen）。

文根是前往「天空之城」其中一個前哨站，同時也是一處自然保護區，禁止汽車駛進，於是我從鎮前一條看起來並不長，約兩百多米的主要街道緩步漫遊。鎮上保留著傳統木屋，具有古典風味。主人家頗費心思，窗前窗後、花園露台都栽滿了鮮花，爲木屋增添 份色彩與活力。我穿行在一棟棟的木屋間，每一步都是動人的一景。居民悠閒自在，仿如生活在桃源世界那般。

1

2

1.米倫小鎮旁的山坡上可見通往Allmendhubel的纜索鐵路（地面纜車）

2.位於山崖上的天空之城米倫

我來到一間小餐廳，坐在木椅上休憩，找到最佳的方位，遙看山高險峻的少女峰。不過我並未久留，靜觀山景一會兒，就循著原路回程，乘車直達登上米倫小鎮的專用纜車站。在纜車上，隨著高度緩緩提升，正是鳥瞰整個山谷景色的最好機會。色彩鮮豔的滑翔傘劃過天際，彷彿在空中飛舞的翩翩蝴蝶，襯著一碧如洗的晴空和碧草如茵的大地，以及兩旁壯闊的

纜車前方右邊爲少女峰，左邊爲艾格峰，僧侶峰恰好被擋住

萬丈峭壁山崖，這樣的景色美得不像人間，難怪雖然米倫的居民往返小鎮只有兩條路：乘坐纜車或步行，卻都不厭其煩，百多年來繼續在山上的悠然生活。

抵達小鎮後，就在民房的前面，第一眼看到的就是相連的瑞士三大名峰：艾格峰（Eiger）、僧侶峰（Mönch）和少女峰（Jungfrau），海拔高度分別爲3,970米、4,107米和4,158米。幾座山峰終年積雪，高聳入雲，小鎮居民可以隨時飽覽整座山谷和連綿的雪山，欣賞變幻萬千的雲海，儼然就是一座「天空之城」！

出於環保的考量，小鎮內禁止汽油機動車駛入，所以徒步漫遊是我唯一的選擇。走在貫通整座小鎮的主幹道上，兩旁看不到鋼筋水泥的城市森林，反而是各種各樣如童話般的小木屋，種滿絢麗多彩的鮮花。突然間，雲霧隨風飄過來，整個小鎮頓時變成夢幻的仙境，讓我也產生了身處雲端的錯覺。我順著蜿蜒的幹道徐徐而行，深深吸口氣，清新的空氣沁人心脾，彷彿將體內完全洗滌乾淨。

今天疫情仍肆虐全球，我卻如此幸運能遠離世俗，遠離恐懼和隔離的焦慮感，徜徉在這與世無爭的「天空小鎮」，享受大自然的寧靜，欣賞居民泰然自若的生活，就連山坡上牛群吃草的模樣看起來都如此逗趣可愛。當我與留在「疫區」的友人們分享這裡的見聞，可讓大夥兒都羨煞了。

畫面最接近的山壁爲少女峰，中間隱隱約約的是僧侶峰，較左的爲艾格峰

一眼望三湖：穆爾滕、納沙泰爾

但凡遊過江蘇泰州的溱潼古鎮，必定會被水雲樓上憑眺三湖（南湖、喜鵲湖和北湖）天光雲影的美景所吸引，留下難忘的印象。

無獨有偶，瑞士西部的汝拉山區（Jura）同樣有三湖：穆爾滕湖（Murtensee/Lac de Morat）、比爾湖（Bielersee/Lac de Bienne）和納沙泰爾湖（Neuenburgersee/Lac de Neuchâtel）。這次我也專程到這裡領略一下瑞士三湖的風光。三個湖以納沙泰爾湖最大，比爾湖次之，穆爾滕湖最小。大家都以爲日內瓦湖是瑞士最大的湖泊，然而它分屬法、瑞兩國，所以嚴格來講，納沙泰爾湖才是瑞士境內最大的淡水湖。

我和司機一起研究了整天的行程，爲了節省時間，讓我有機會前往更多的景點，司機安排了水陸並進的路線，也由於行程緊湊，大清早我們就從伯爾尼出發。

首先來到距伯爾尼約三十公里的中世紀小鎮穆爾滕（Murten/Morat）。到目前爲止，小鎮仍被城牆緊緊圍繞保護，這是瑞士唯一保存得完整無缺的城牆，還連接幾座瞭望塔和城門。昔日用來防禦的圍牆，而今變成旅客參觀小鎮的一個吸睛點。穿過城門，就是一條兩百多米的主要街道（Hauptgasse）。即使歷經數個世紀，穆爾滕依然保留舊貌，美麗如昔。

穆爾滕城堡，最早始於13世紀，今日見到的城堡部分爲18世紀所建

大街兩側是拱廊式的建築，跟伯爾尼的建築風格很相似，是民房和商店、餐館的集中地。這裡地處德語區和法語區的交界，所以用德、法雙語標示。我進城的時間太早，大街上行人稀疏。司機說這兒的居民生活步調緩慢，比伯爾尼的城市居民悠閒得多。

穆爾滕在瑞士衆城鎮中頗有名氣，是因爲一四七六年一場瑞、法戰爭，瑞士軍隊打敗了當時不可一世的勃艮第公爵（Duke of Burgundy）的軍隊，一戰成名。鎮內的歷史博物館就陳列描述了當時的事蹟。

古鎮眞的太小了，我穿街過巷，也不過花了半小時，就幾乎把小鎮裡裡外外走過一遍。鎮的盡頭是座塔門，叫做伯爾尼門（Berntor），外面就是騎車和散步的居民最喜歡的湖濱步道。此時還未到遊湖渡輪的啟航時間，我就利用這空檔漫步在湖邊，悠閒地欣賞迷人的湖景。

接著我登上渡輪，展開湖上之旅。渡輪從穆爾滕湖出發，穿越相連的布魯瓦運河（Broye Canal），接著轉入納沙泰爾湖，最後抵達納沙泰爾小鎮（Neuchâtel），原本可以更進一步前往比爾湖，把比爾鎮納入行程內，可惜時間太緊迫，只好放棄，成爲美麗的遺憾。

1.穆爾滕古鎮一隅
2.伯爾尼門

1
2
1.兩岸綠意盎然
2.從湖上看岸邊小鎮及山坡上的葡萄園

遊湖行程經小鎮威邑Vully

世界各地的運河，或大或小，幾乎每條都有自己的故事。布魯瓦運河未開通之前是一條大河，卻頻頻發生水患，沿岸居民飽受水災之苦，於是政府決定加以治理，將河水改道，不僅使人民的生活更有保障，周遭一帶也成爲農田良地。我站在渡輪甲板上，運河兩岸綠意盎然，雖然比不上中國的江南景色，不過緩緩流淌的河道上水波不興，偶爾還見到划艇的運動選手，熱情地向船上的旅客揮手。

疫情期間，遊人如鯽的景況已不復見，今天與我一同搭乘渡輪的乘客大都來自德、法兩地，大家遵守衛生規定戴上口罩，正值烈日當空，實在不好受，但爲了安全起見，大家都只好遵循規定。

待渡輪駛出並不寬闊的運河後，河道逐漸擴大，當船隻轉入納沙泰爾湖後，湖面更加寬廣，煙波浩渺，更遠處則是巍峨青山。湖的一隅是珍貴禽鳥的保護區，牠們被我們船上的引擎機器聲所驚，聯群結隊從湖面飛起，一時間出現群鴻戲海的壯觀場面，叫人讚歎。

遊湖行程最終來到彼岸的納沙泰爾小鎮，小鎮的德語名稱爲「諾恩堡」，二〇二〇年剛好是建城一千零九年。衆所周知，瑞士北部的沙夫豪森因爲名錶IWC而聞名，不過當地導遊告訴我，納沙泰爾才是瑞士眞正的鐘錶工業發源地。而且全國的標準時間就以城內「瑞士錶研究實驗室」的鐘錶爲基準，眞是有眼不識泰山。沒想到小鎮其貌不

納沙泰爾湖畔

納沙泰爾藝術歷史博物館

揚，卻有如此高的地位。位於汝拉山谷的納沙泰爾分布大大小小逾百家鐘錶工作坊，又稱鐘錶谷。作坊的工匠們承襲逾千年的製作技術，擁有豐富的製錶經驗。據說要完成一塊手工製作的機芯，往往需要超過兩千小時，這也是爲何瑞士腕錶這麼昂貴的原因，它不僅是計時的工具，亦是一件製作複雜的工藝品。

納沙泰爾小鎮臨納沙泰爾湖，周圍的山坡上除了遍布葡萄園外，還有一幢幢黃色小屋，它們的建材採用汝拉山特有的淡黃色石灰岩，遠看就像一塊塊黃油，難怪法國浪漫文學家大仲馬（Alexandre Dumas）把小鎮形容爲「用黃油雕出來的玩具城市」。

參觀葡萄酒收藏家的酒窖

老城區更爲明顯，房屋多爲四方形建築，外牆是黃褐色，屋頂則多爲褐紅色磚瓦，在早上柔和的陽光下，顯得分外祥和寧靜。這裡的文教事業發達，擁有一所建於一八三八年的納沙泰爾大學，爲全歐洲的學子提供優質的教學，位置就在湖濱。還有物理學院、圖書館和著名的納沙泰爾藝術歷史博物館（Musée d'art et d'histoire），我拜訪的這天，博物館只開放一層，並不包含最有價值的「自動人偶」陳列室。在這裡不得不介紹這位「自動人偶」的設計師雅克·多羅（Pierre Jaquet-Droz），他原是一名鐘錶製造商，他所設計的鐘錶和機械鳥等作品非常精巧，甚至連乾隆皇帝都收藏了他的作品。後來他將心力投注於機械人偶上，製作出三件非常著名的自動機械木偶，分別是音樂家、作家，和畫家。這三個人偶能各自做出彈奏音樂、書寫以及繪畫的動作。導遊表示，這幾件作品栩栩如生，動作自然，是難得一見的珍品。若我下次再來，務必要去見識一下。

納沙泰爾還是頗具名氣的葡萄酒區，紅、白葡萄酒都有一定的品質，對氣候、土壤都十分挑剔的黑皮諾葡萄也在這裡醞釀出特有的風味。導遊領我前往拜訪當地一位葡萄酒收藏家，他的酒窖在老城一條深巷中。這些深深的巷子見證了小鎮的發展史，原來是按城市發展階段而逐漸擴建，每一個階段都有各自的門柱和拱門，從牆上不同的顏色可以分辨出來。這兒出產一款高達五十八度的葡萄酒，我稱它是「瑞士的茅臺」。我本不是好酒之人，也禁不住被它的香氣所誘惑。酒精度雖然相當高，香氣卻更顯濃厚，輕啜一口品嘗，香氣頓時擴散至整個口腔，餘韻無窮，飲完之後，更是空杯留香。不過此地的葡萄酒產量實在太少，不足以供銷海外市場。

我隨著當地的導遊，走上老區的山丘上，建於十二世紀的學院教堂（Eglise Collégiale）和納沙泰爾城堡（Château de Neuchâtel）都是歷史悠久的建築，幸而教堂和城堡都開放參觀，滿足我探祕的興趣。裡面古老舊式的裝飾，讓人如同走進了時光隧道。城堡、教堂所在的位置是全鎮的最高處，盡覽市貌和遠處迷人的風景。

1.納沙泰爾城堡大門
2.學院教堂，前方廣場上為法國宗教改革家威廉法萊爾雕像
3.學院教堂一隅，伯爵紀念碑上的塑像
4.納沙泰爾城堡一隅

攀上高高的觀景塔，從塔頂上環迴三百六十度「一眼望三湖」

從山丘走下來，先經過古老的監獄塔（Tour des Prisons），穿過坐滿了休閒市民，非常熱鬧的市場廣場（Place des Halles），廣場一角是建於一五七〇年的市場大樓（Maison des Halles），牆上的皇族徽號清晰可見。臨離開古城前，路過一棟巴洛克式優雅的大型建築，花園外有一對埃及的雕塑，屋子建於十八世紀，叫迪佩魯公館（Hotel du Peyrou），盧梭的朋友迪佩魯曾經住過這裡，如今改作爲餐廳。我們入內品嘗一杯法式咖啡，稍事休息。

未等太陽下山，我趕忙登上纜車，一路前往一千一百多米高的肖蒙山區

肖蒙高山車站，右方爲通往觀景台的路，左方爲纜車鐵道

（Chaumont），再攀上高高的觀景塔，從塔頂上環迴三百六十度「一眼望三湖」。連同布魯瓦運河和蒂勒運河（Canal de la Thielle）這兩條大運河一併收入眼底，「一眼望三湖兩河」應該更爲貼切。塔下三湖如三顆明珠，波光粼粼，清晰如畫，遠方則有群山環繞，正是「水光山氣碧浮浮」，一派「望湖樓下水如天」。終於順利達成「一眼望三湖」的目的，我心滿意足地告別此處。

乘休息時間，我好奇向導遊詢問，中途行經市場廣場的一條狹窄小巷時，我見到巷子的牆壁上塗滿各種可愛的彩色畫，小巷前面一條一百多米長的斜坡

路地面，同樣也繪滿彩色圖案，這些手繪圖案，將整個區域變成充滿藝術氣息的文藝園地。這是什麼因由呢？導遊揭開眞相，原來這些街頭彩繪是一位名叫Anne Monnier的老太太，感到這古鎭好像缺乏了一股文化氣息，靈光乍現，從一九八六年開始，發動街坊鄰居，在坡道和巷中牆壁作起畫來，顏色鮮豔、富有童趣的圖案，而且兩年就更換一次，重繪另一種圖案。老太太的精神贏得了城中市民的讚賞。可惜老太太已於前兩年過世，否則我還眞想登門拜訪，認識一下這位充滿童趣的老大姐。

1
2

1.「一眼望三湖」，前方最大的是納沙泰爾湖，更遠一些較小的是穆爾滕湖，左邊隱約見到比爾湖的一部分
2.Anne Monnier老太太發起的街頭彩繪藝術

最美的巴洛克小鎮‧索洛圖恩

翌日清晨，我再度啟程，繼續往「三湖」方向前進，目的地是索洛圖恩小鎮（Solothurn）。它距離伯爾尼約四十公里，兩千多年前由羅馬人興建，位置就在汝拉山下、阿勒河畔，極具戰略重要性。這小鎮其實並不爲亞洲旅客所熟悉，若非臺灣亨強旅行社的陳總介紹，她說：「索洛圖恩是一座巴洛克小鎮，融合了法國的浪漫迷人和義大利的壯麗宏偉，值得到此一遊。」。

索洛圖恩的確是座小鎮，面積不過約七平方公里，人口不超過兩萬人。阿勒河分隔了新舊兩城區，而我今天的重點，就是舊城的精華遊。舊城過去跟穆爾滕一樣，有一道城牆連接

舊城區城外看向城門景觀

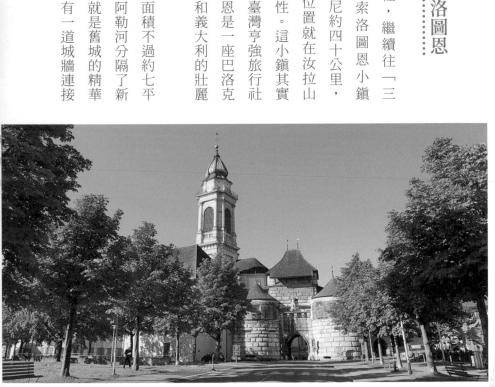

從城內看向通往巴塞爾的城門

塔樓，將小鎮團團圍住。然而命運卻與穆爾滕大不同，遭受大火焚毀，大部分城牆已然倒塌，徒留一截圍牆，讓人憑弔。

舊城區外有一座城門，城門外是直達巴塞爾（Basel）的公路。城門內禁止外來車輛進入，於是這天我唯有安步當車，以徒步的方式遊覽。走入舊城，面前的景象讓我眼前爲之一亮，主要大街從城門後方的聖烏爾斯教堂（St. Urs Cathedral）一直縱深伸延數百米，兩旁的建築盡是巴洛克式和文藝復興時期風格，由於外觀華麗精緻，色彩強烈，而且保存得非常完美，也因此獲得Wakker獎，這是瑞士遺產協會根據建築遺產的開發和保存所頒發的獎項。自一五三〇年開始，這裡就是法王大使的居住地，長達兩百五十多年，因此深受法國文化影響，整體建築風格與法國小鎮的情調非常接近。

白色大理石的聖烏爾斯教堂建於十八世紀，登上教堂總共有三段的義大利羅馬式階梯，俯望下面的舊城，可以發現大街連接縱橫交錯的小巷。這座宏偉的教堂是索洛圖恩的象徵，三段階梯以及典雅的正面外牆，據說是爲獻給法王路易十四而設計的。內部富麗堂皇，並且保存很多十世紀以來的重要典籍，還有珍藏館。教堂還有座高六十六米的鐘樓，每到整點，鐘樓上十口大鐘齊鳴，響徹全城。聖烏爾斯教堂當年由義大利建築師加埃塔諾．馬泰奧．皮索尼（Gaetano Matteo Pisoni）設計，耗時十一年時間完成。說起來，教堂的建築構思非常有意思，都與「十一」這個數字產生聯繫：教堂整體建築分爲三段，每段是十一米；大門外有三段階梯，每段各有十一級階級；階級兩邊是安裝了十一個水龍頭的古噴泉；最奇特的是連教堂的門都有十一道，教堂內的十一座祭壇用了十一種不同的大理石砌成……

導遊說，教堂如此設計並不奇怪，奇怪在於舊城區有「三多」，就是教堂多、塔樓多和噴泉多，而它們居然分別是十一座，甚至還有一座鐘的計時只有十一小時。此外，索洛圖恩州是第十一個加入瑞士聯邦的州，甚至連當地的啤酒商標都用上「十一」。讓我非常好奇，究竟是當地的習俗，還是城市設計師的個人喜好，對「十一」情有獨鍾呢？

1.白色大理石的聖烏爾斯教堂
2.聖烏爾斯教堂內部
3.聖烏爾斯教堂壯觀的大堂

導遊爲我解開心中謎團，原來「十一」這個數字在德語發音接近「精靈」，傳說汝拉山上住著很多「精靈」，不願意看到鎮內居民過著簡樸普通的生活，就透過「十一」這個帶有祝福的數字，爲小鎮祈禱，讓小鎮居民能過上幸福致富的生活。對當地居民來講，「十一」代表「希望」的密碼，象徵永無止息的追求完美境界。

我依次訪遊鎮上教堂，無論規模大小，內部都擁有精美的壁畫和雕塑，典雅而華貴。沿著舊石板小路前往鎮中心，這區沿用法式的傳統設計，建築完好無缺，是當地保存情況相當好的古蹟，市政府的辦公地方就位在此區，過去則是法王大使的居處。這一帶博物館眾多，包羅萬象，分別有歷史、藝術文化博物館、自然和石頭的博物館，甚至是全歐洲最大的「舊軍械庫」博物館，收藏大量的古今

1.「舊軍械庫」博物館的收藏展示
2.「舊軍械庫」博物館

武器。此外，還有特別爲兒童而設的玩具和木偶博物館等，可謂老少咸宜。鐘樓也是鎮中心的重要地標之一，最初的建築建於十三世紀，可以顯示時間與日、月、年的天文鐘鐘面則是十六世紀所做，上頭還裝飾有騎士、死神與國王模樣的雕像。

鐘樓上騎士、死神與國王模樣的雕像

1.阿勒河畔
2.建於16世紀的堡壘塔如今作爲藝文活動和餐飲場所
3.維麗娜峽谷木造的袖珍修道院和教堂

鎮外的阿勒河畔小徑是夏日晚間乘涼、把酒談天的酒吧、咖啡館區。一排舊倉庫改裝成爲展覽場館，是爲獨立電影製作人所設。每年一月，電影人聚集在此，舉辦索洛圖恩電影節（Solothurn Film Days），熱鬧非常，今年遭疫情而被迫取消。電影節只是小鎮每年的大型活動之一，除此以外，還有單車節、文化節、古典音樂節等等，是瑞士文化活動的交流中心。

我在舊城區花了整整一個上午，稍事休息後，下午我們走出舊城，來到稍遠的維麗娜峽谷（Verena Gorge）。峽谷藏在大自然森林中，有奇石和淙淙泉水，是當地人的避暑勝地。峽谷出口有一座木造的袖珍修道院和教堂，只有一名修士獨居。迷你教堂的內部牆壁繪上彩色壁畫，高雅別緻，像個小型的宗教博物館。

迷你教堂的內部牆壁繪上彩色壁畫

回程途中，我參觀了一座建在山丘上的瓦爾德格城堡（Schloss Waldegg），入口前有條筆直的林蔭大道，城堡的外觀就如一座豪華大宅，不算特別顯眼吸睛，但內部的裝飾和布置高貴豪華，叫人讚歎不已。尤其一座幾何式的巴洛克花園，更是焦點所在。如今城堡作爲博物館的用途，旅客們不僅能見到收藏展品，還可以從中想像十七世紀時的貴族生活。城堡是由貝桑瓦爾家族所建造的，我在索洛圖恩鎮內參觀過的另一座貝桑瓦爾宮殿（Palais Besenval），同樣也出自這個家族。

我花了一整天在索洛圖恩，雖說這是個小鎮，但想參觀所有景點和博物館等，若能再多安排一天的時間，就再理想不過了。

1 1.瓦爾德格城堡
2 2.瓦爾德格城堡的幾何式巴洛克花園

中世紀城市．弗里堡

每當我停留日內瓦時，幾乎都下榻於接近日內瓦市中心的文華東方酒店，酒店距離我們公司不遠，又臨近湖邊。一座時間之城（Cité du Temps）就在酒店前面不遠處，要找尋當地特色且限量的Swatch紀念手錶，就非常方便。

我長期與酒店員工交往，彼此已成了相熟的朋友，滯留日內瓦期間，他們經常為我介紹一些特別的景點和行程，非常貼心。這天風和日麗，酒店提議可以一遊在首都伯爾尼附近的弗里堡（Fribourg），我便毫不猶疑，立即動身。

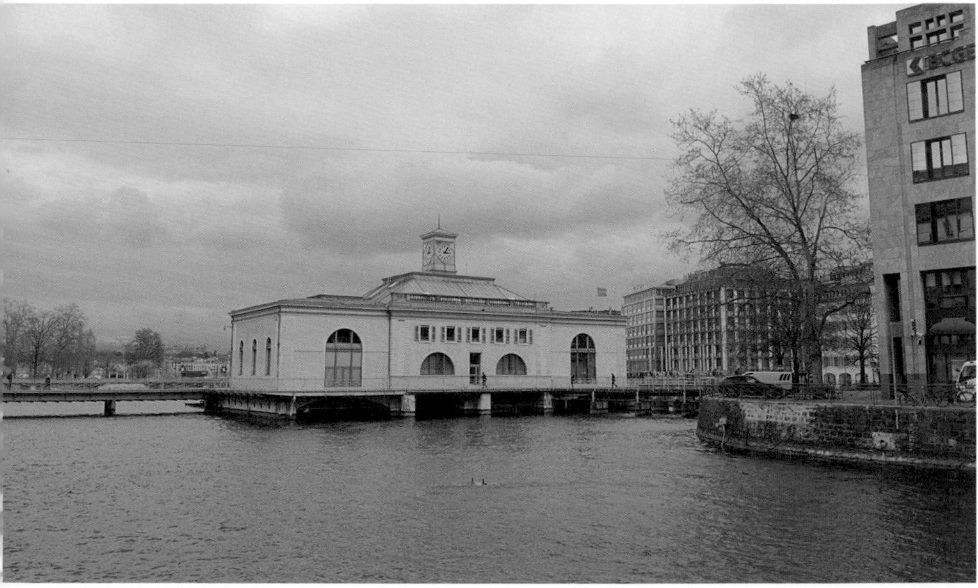

日內瓦的時間之城

順著山勢可見星羅棋布的典雅紅磚平房

弗里堡被稱爲是瑞士維護得最好的中世紀城市之一，身爲弗里堡州的首府，除了是一個雙語文化的特殊城市外，又是該州重要的經濟、宗教、文化和教育中心。弗里堡過去有著重要的軍事地理位置，它坐落在瑞士德語和法語區交界的薩訥河兩岸，中世紀的老城區則位於薩訥河谷上方的小岩石山丘。弗里堡的防禦工事目前仍留有一段約兩公里的城牆、十四座塔樓和一個堡壘，尤其在城市的東部和南部保存狀況良好。

我們進入城市的時間尚早，我沿著山坡路往城中心走過去，一座長橋架在河谷之上，兩側是陡峭的丘陵和

從城外望向弗里堡市區，可見到高聳的聖尼古拉斯教堂以及整修中的市政廳塔樓

茂密的樹林，順著山勢可見星羅棋布的典雅紅磚平房，不過最顯而易見的是城內的高聳尖塔，遠看似是一座教堂。

司機向我介紹這座城市，它建於十二世紀，由哲林根公爵貝特霍爾德四世創建，首都伯爾尼則由其子貝特霍爾德五世所興建，因此兩者的城市風格有點接近，不僅分別有河流環繞，且建在山丘上，更有雷同之處：城內民房都是灰白色的。不知是否疫情因由，我們從火車站一路走向市中心，杳無行人蹤影，非常清靜，但也讓我更好地欣賞這座中世紀老城。

老城的大街小巷鋪設了石板路，富有歷史的韻味。市政廳廣場除了可見到噴泉、市政廳、教堂，還有城門和塔樓。站在廣場上，仿如穿越了時光隧道，重回中世紀時代。這城市的人口不過四萬，但擁有大大小小十一座教堂，不用多說，便可以知道這裡算是瑞士一處重要的宗教中心。

老城區最值得參觀的是地標聖尼古拉斯大教堂（Cathédrale Saint-Nicolas）。看到教堂門前的資料，把我嚇了一跳，這座大教堂的建造時間居然足足有兩百多年之久，從一二八三年動工，竟然直至一四三〇年才完成，塔樓部分更到一四九〇年才竣工。單從外形來看，已可以感受到中世紀哥特式建築無與倫比的魅力，教堂的塔樓高聳入雲，周遭毫無其他的大樓遮擋，因此在城內任何一個角落都能看見它，我先前順著坡路走下來時，見到城內的高塔就是這座塔樓了。

宏偉高大的塔樓有七十四米，外觀相當有特色，塔身向上層層縮減。我原先打算走上三百六十五級的階梯前往塔頂，登高遠望，飽覽三百六十度的風景，盡情欣賞古城風光。可惜疫情之下塔樓不開放，我只能留在教堂內參觀。

除了宗教雕刻塑像外，中殿有一座由瑞士樂器大師Aloys Mooser花了十年製作的巨型管風琴，這次雖沒親耳聽見管風琴悠揚的樂聲，但想像當它與教堂的十三座鐘一起鳴奏時，將會是如何響徹雲霄。

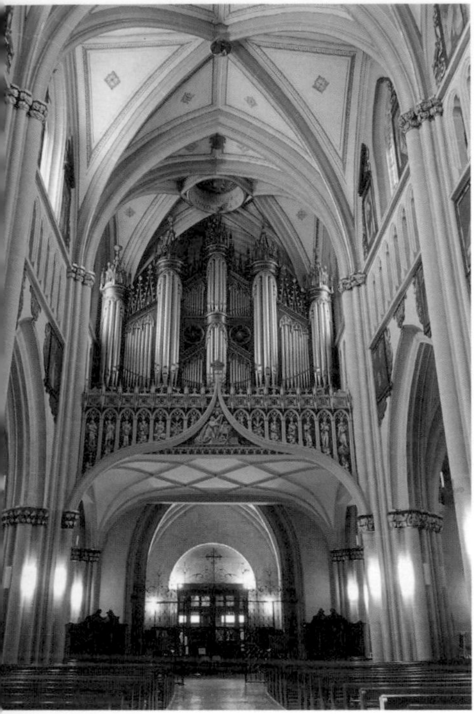

1.宏偉高大的聖尼古拉斯大教堂
2.瑞士樂器大師Aloys Mooser花了十年製作的巨型管風琴

中殿兩旁的彩色玻璃窗描繪細緻，色彩鮮豔，是波蘭大師約瑟夫．梅霍夫（Josef Mehoffer）的傑作。正門上端的彩繪窗畫漂亮絕倫，令人歎爲觀止，讓我聯想到巴黎聖母院的玫瑰窗。走出教堂外，再次被它正門「最後審判」的浮雕吸引住，浮雕結合了金色與灰色，正中央則是塗有色彩的聖尼古拉，更顯突出。浮雕設計精緻，有別於其他的瑞士教堂。

1.聖尼古拉斯大教堂大堂
2.彩繪窗
3.正門上方最後的審判浮雕

苗繪耶穌下十字架的場景雕塑與花窗玻璃

教堂外原爲熱鬧的商店區，這天同樣寂靜無聲。司機本打算讓我參觀該城知名的弗里堡大學，爲了穩妥起見，他事先向學校詢問，才知道短期內並不開放，省去了白跑一趟。不僅如此，其實這座古城更擁有六十七處被列入瑞士的重要建築物和遺址，除了聖尼古拉斯大教堂外，另外還包括西多會的麥格拉日修道院、奧古斯丁修道院、前聖讓大教堂、聖母大教堂，以及前郵政局、邁格拉日中央火車站、埃塔特城堡等等，可惜這些統統都閉館休息，我無緣得見，只好作罷，就此結束古城的行程。

在回程的途中，司機還講了一件與聖尼古拉斯大教堂有關的事：聖徒尼古拉（St. Nicolas）在羅馬帝國時期是米拉（Myra，即今日土耳其的代姆雷Demre）的主教。這位聖尼古拉，傳說正是我們所熟悉的聖誕老人原型。聖尼古拉過世後，遺體原本埋在米拉，後來絕大部分的骸骨被義大利商人帶至義大利的南部城市巴里（Bari），而聖尼古拉的股骨自公元一五〇六年起，就藏在弗里堡的聖尼古拉斯大教堂內。二〇〇九年，土耳其文化部長根據土耳其考古學者的新觀點，認爲這位聖徒是屬於伊斯蘭教的，並要求將聖徒的骸骨迎回土耳其。此舉在瑞士國內掀起了軒然大波，並在國際上引發不小的爭論。司機補充說道，許多人認爲，土耳其此舉是想藉著迎回骸骨，爲他們本國的旅遊業造勢。

我並非教徒，對這方面也沒有研究，不便加以評斷。不過聯想到我們國內也有些名人故居，也出現類似爭拗的情況，就這一點來說，東西方都不例外。

乳酪之鄉：格呂耶爾

都說瑞士有三寶：鐘錶、軍刀、巧克力。細說起來，其實瑞士還有飲食三寶：巧克力、葡萄酒和乳酪（起司）。巧克力自不必說，相比葡萄酒，在國際上瑞士乳酪的名氣更大一些。瑞士有數百年生產乳酪的歷史，許多餐飲菜式都與乳酪有關，一九三〇年，瑞士乳酪聯盟（Swiss Cheese Union）更宣布乳酪火鍋這道美食為國菜。格呂耶爾（Gruyères）是瑞士最知名的乳酪之鄉，以此地命名的Gruyères乳酪更是被譽為乳酪中的貴族。

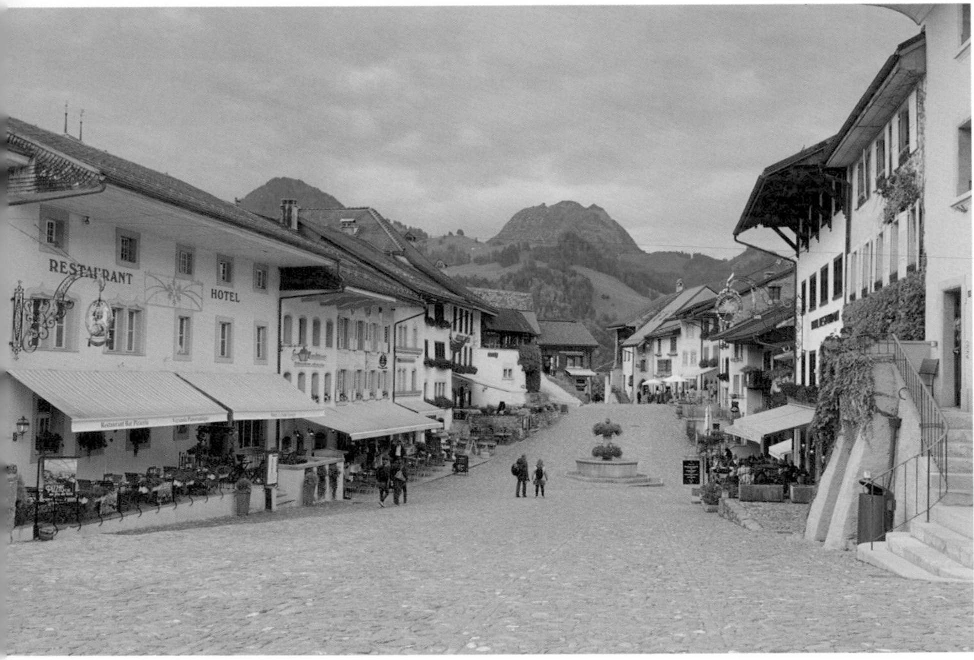

一條寬闊卻很短的石板老街道是格呂耶爾小鎮最主要的步行街

1.鎮上一棟爬滿植物的房子
2.鎮上的小教堂

格呂耶爾小鎮是典型的中世紀小鎮，小鎮城區只有一百六十餘戶居民。若是往日，眼下正是遊人如鯽的時候，此刻顯得格外靜寂。鎮上只有一條寬闊卻很短的老街道，以石子鋪成，是小鎮最主要的步行街，車輛無法進入。街道上，餐廳、旅店還有各種店鋪參差其中。

除了這些建築，小鎮上還有很多奇怪的造型雕塑，這就不得不提一位瑞士藝術家——魔幻現實主義大師漢斯·魯道夫·吉格爾（Hans Rudolf Giger），他也是電影《異形》中那個經典生物造型的設計者，因此成就了太空科幻恐怖片的先河。吉格爾在小鎮上買了一座小城堡，作爲博物館之用，館內陳列許多藝術家的繪畫和雕塑作品，其中許多都與異形有關，無一例外都價格不菲，不過博物館本身是免費參觀的。

1.格呂耶爾古堡
2.李斯特使用過的鋼琴
3.從城堡上俯瞰另一端的Epagny，阡陌縱橫、景色宜人

沿著小鎮的坡路一直向上，盡頭是小鎮最出名的格呂耶爾古堡，這個景點在平時就很少有亞洲人來參觀，更不用提現在的疫情期間。古堡建於十三世紀，外觀相當具有歷史感，過去曾有伯爵在此居住，至今建築依舊保存完好，只不過搖身一變成了博物館，展示著這個地區八百年來的建築、歷史和文化。城堡內還收藏著李斯特使用過的鋼琴，可謂價值連城。

格呂耶爾小鎮地處丘陵地帶，站在城堡上可以俯瞰小鎮，我在城堡上遠眺，遠山連綿起伏、鬱鬱蔥蔥，雲霧飄浮在半山腰，田野上阡陌縱橫，民房散落其間，每一項風景的元素組合起來，既和諧又醉人。

Chapter 04

日內瓦湖大區

又稱萊芒湖大區，位於日內瓦湖周邊，由沃州、瓦萊州和日內瓦州組成，其中沃州和日內瓦州爲法語區，瓦萊州爲德語和法語的雙語州。主要城市爲瑞士第二大城日內瓦及第五大城洛桑。

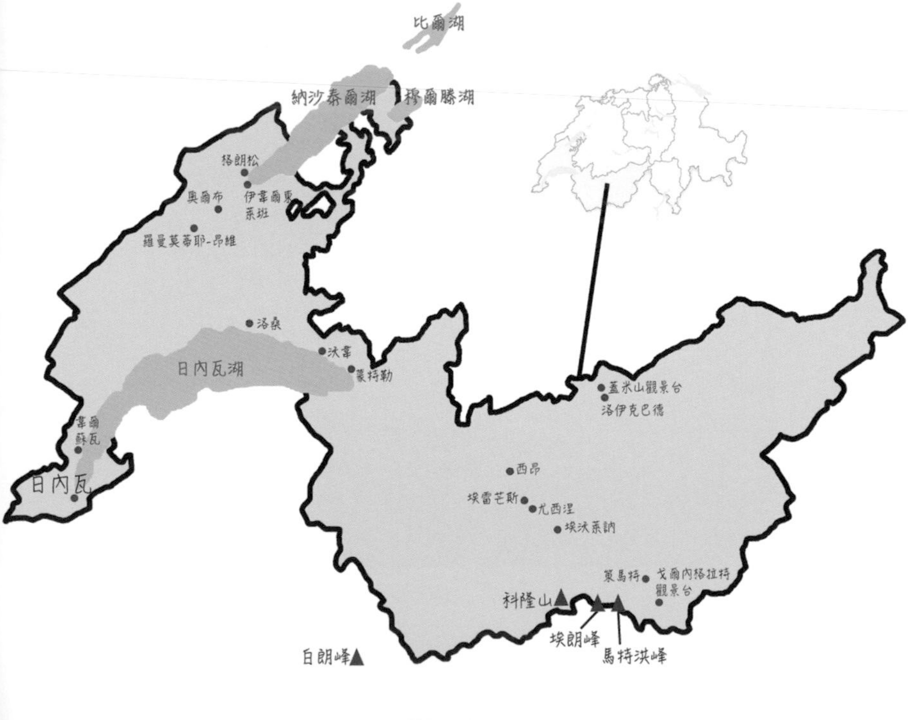

直衝天際的大噴泉：日內瓦

與蘇黎世齊名的第二大城市日內瓦（Geneva），位於美麗的日內瓦湖畔（Lake of Geneva）。二〇〇四年，我們亨達集團就在這座城市設立公司，乘公務之便，我每年都到訪多次，對這一帶當然抱持非常深厚的感情。

提到這城市，自然而然會聯想到湖畔的大噴泉，這座大噴泉可以與日內瓦劃上等號，是城市生命之源的象徵。在疫情期間，噴泉一度關閉達三個月之久，到六月十一日才重新啟動，還特別邀請到世界衛生組織總幹事（祕書長）譚德塞（Tedros Adhanom）擔任啟動噴泉的嘉賓。啟動後，這座始建於一八九一年的大噴泉再次以每小時兩百公里的流速噴射至日內瓦湖面上空一百四十米處。這對於當地民衆來說，想必意義非凡，代表歡樂和希望的回歸。

行走在日內瓦城中，在任何角落，只要往湖的方向看去，就能夠見到直衝天際的大噴泉，作爲日內瓦的地標，大噴泉的確名副其實。根據我的經驗，越接近大噴泉，就越能感受到它的壯麗與氣勢。而最佳的觀賞位置，就在湖珍珠公園（La Perle du Lac），下午時分，或有機會見到彩虹印上水柱的美景。

日內瓦同樣是一座享譽國際的大城市，城內擁有聯合國總部、國際紅十字會、世界衛生組織等兩百多個國際機構，甚至有人戲稱「日內瓦不屬於瑞士，而是屬於世界」，每年在聯合國總部的萬國宮召開的各種國際性會議達到兩千五百多次。萬國宮也是世界各地旅客必遊的景點，前方有尊巨大無比的「三腳椅」塑像，非常引人注目，許多人在此打卡留念。這個雕塑是爲了表達對於地雷和集束炸彈的反對，也象徵對於和平的擁護和渴望。雕塑自一九九七年正式豎立，原先只打算展示幾個月便撤除，然而直至今日，仍豎立於廣場之上，僅於二〇〇五到二〇〇七年之間，因萬國宮整建而暫時移開。

1.直衝天際的大噴泉
2.巨大無比的「三腳椅」塑像

熱門打卡景點：大花鐘

日內瓦是世界鐘錶之都和世界大型展覽會的城市，每年都舉辦SIHH日內瓦高級鐘錶展、汽車展覽和時尚服裝展，我就曾被「伯爵錶PIAGET」邀請出席過每年一度的鐘錶界盛會，令我大開眼界，印象深刻。日內瓦湖畔的「英國花園」（Jardin Anglais）有一個大花鐘，是世界上擁有最長秒針的植物鐘，秒針長達兩米半，花鐘由六千五百種各色各樣的植物排列裝飾而成，是日內瓦手錶工業的象徵，同時是花卉藝術的經典。花鐘會隨著季節的交替，呈現不同的色彩樣貌，不變的是旅客對於它的熱愛，花鐘前一向是熱門的打卡點。

一般旅客對日內瓦的印象不外乎這兒方便的逛街購物，以及漂亮的湖光山色，殊不知這裡曾經掀起過一場宗教與科學的戰爭。

在日內瓦的老城區，聖彼得大教堂（St. Pierre Cathedral，或譯爲聖皮埃爾人教堂）下方的林蔭大道旁，日內瓦大學對面的舊城牆公園內，有一座百米長的宗教改革紀念碑（Mur de la Reformation），或稱爲宗教改革牆，紀念在十六世紀挑戰舊羅馬宗教權威的幾位代表人物。

紀念碑中央有四個巨大的人物雕塑，其中約翰·喀爾文（Jean Calvin）在日內瓦的宗教改革對於後來的西方宗教和社會形態影響巨大。他在日內瓦宣講傳道，創立日內瓦神學院（即後來的日內瓦大學），從教育扎根，培育出許多傳道者，將宗教改革的種子散播到其他地方，也吸引更多新教的信徒前來，使得日內瓦一度有「新教的羅馬」之稱。

除了手持著作《基督教要義》的約翰·喀爾文外，四位人物雕塑還包括威廉·法萊爾（Guillaume Farel），他首先在日內瓦展開宗教改革，也是他說服當時行經的喀爾文留在日內瓦。以及泰奧多爾·伯撒（Theodore de Beze）和約翰·諾克斯（John Knox），兩者皆爲喀爾文的弟子和宗教改革領導人。

此外，四個巨大人物雕塑兩側，還有比較小的幾個雕塑和浮雕，同樣是與宗教改革

相關的人物與事件。碑上還刻有Post Tenebras Lux等字，意思是「黑暗已經過去，光明終於來臨」，讚揚以喀爾文爲首的新教代表人物在宗教改革上的貢獻。

然而喀爾文在宗教改革上所作的一切卻蒙上了一個汙點，犯下了無法寬容和接納不同思想和理念的罪行。

米格爾．塞爾韋特（Miguel Servet）是一位西班牙神學家、醫生和文學家，同時還是個醫學家，發現了心血管循環裡的肺循環。他反對「三位一體」的主張無論天主教或新教都無法接受，在法國，天主教以喀爾文提供雙方的信件爲證據將塞爾韋特判處火刑，逃脫的塞爾韋特準備流亡到義大利，卻在中途行經日內瓦

1.宗教改革紀念碑總共有百米長
2.紀念碑中央的四個人物雕塑，左二爲約翰．喀爾文

聆聽喀爾文講道時，被人認出而遭到逮捕，最後落得在日內瓦被活生生火燒至身軀成爲焦炭的悲慘命運。

市政廳對面的舊軍械廳

一九〇三年，遭到迫害的「異端分子」塞爾韋特逝世三百五十年後，一位雕塑家接受委託，製作他的紀念塑像，塑像的外型衣衫襤褸、面容憔悴、一臉思索的樣子，彷彿提醒後人要對異議者有接納和寬容的態度。然而塑像製作完成之前，喀爾文支持者先行在當年塞爾韋特被執行火刑的地方不遠處，一個偏僻不起眼的角落，豎立一座紀念碑，書寫了爲喀爾文辯護，而非爲塞爾韋特平反的文字，其後日內瓦當局更以紀念碑已存在的理由，拒絕塑像的擺放。直至塞爾韋特誕生五百年後的二〇一一年，塑像的複製品才終於被豎立在紀念碑的附近。

每當公餘時間，我都會漫步於山丘上的市政廳和舊軍械廳。市政廳在國際史上，是象徵和平的重要場所。一八七二年，美國要求英國賠償的「阿拉巴馬號索賠案」（Alabama Claims）開啟了國際仲裁的先河。同時，一八六四年，十七個國家也在此共同簽署了關於戰爭人道救援的日內瓦公約（Geneve Conventions）。

至於市政廳對面的舊軍械廳，外面擺放幾座古老的大炮，最有價值的是牆上的馬賽克壁畫，都是日內瓦重要歷史事件的描述，包括凱撒大帝征服日內瓦、老城的繁榮景象等等。

沿著舊城的石板路往下走，來到聖彼得大教堂，它就是一五三六到一五六四年間，新教領袖喀爾文的傳道殿堂。大教堂原建於一一六〇年，隨著時代變遷，建築也融合了不同的風格，例如哥特式拱門、羅馬式巨型廊柱等，更有著類似羅馬萬神殿的穹頂。教堂旁邊有雙塔，倘若不是疫情關係，我還可以攀上一百五十七層階梯直至塔頂，遠眺老城區。

1.馬賽克壁畫：描繪凱撒大帝征服日內瓦
2.馬賽克壁畫：描述中世紀商業繁榮的景象

1.聖彼得大教堂內部
2.聖彼得大教堂外觀

聖彼得大教堂附近，有間頗有名氣的乳酪火鍋餐廳，叫做Restaurant Les Armures，據說連美國前總統克林頓（臺灣譯爲柯林頓）都曾是座上賓。這間餐廳多半高朋滿座，裡裡外外的座位都占滿了前來享用火鍋的食客，用麵包蘸著鍋內的乳酪，吃得津津有味，濃郁的乳酪味老遠都聞得到。餐廳的聲名遠播，常可見到亞洲的食客，餐廳還提供中文菜單。不過我這次到訪，餐廳內外空空蕩蕩，居然只見到一桌客人。

繼續往下走，便是日內瓦最古老的柏德弗廣場（Place du Bourg-de-Four），中心有座小巧的噴泉。廣場在平常日子是熱鬧的市集，周圍有餐廳和露天咖啡室，一場疫情把這區變成冷冷清清的空地，連向來在此流連覓食的野鴿都不知所蹤。

我對日內瓦的熟悉程度不下於蘇黎世，來過的次數已不計其數。除了舊城區的建築外，國際紅十字會博物館、盧梭紀念館、百達翡麗鐘錶博物館，以及搭乘遊湖的觀光船等等，都是我經常駐足流連的地方。今年受疫情的影響，儘管日內瓦的商業中心空空蕩蕩，但看市民們，似乎照樣享受著他們悠閒的慢生活。

日內瓦湖畔小鎮．蒙特勒、沃韋

我遊歷過瑞士境內的崇山峻嶺，儘管不像專業的攀山行家那樣，徒步從一個山頭走到另一個山頭，而是搭乘小火車、纜車到達高峰上的觀景台，依舊讓我回味無窮。唯有登上高處，方可體會每一座山都有它們不同的魅力。

而瑞士的湖泊，大大小小加起來接近一千五百個，在這個國土面積僅有四萬多平方公里的國家，竟擁有如此多數量的湖泊，實在難以想像。這些湖泊變化萬千，有時水波不興，或是碧波浩渺，風采各不相同。

瑞士的第一大湖是日內瓦湖，呈新月形，又叫萊芒湖（lac Léman）。湖的60％屬於瑞士，40％屬於法國，是兩國的界湖。湖東西長七十五公里，南北最寬處達十四公里，是西歐中最大的淡水湖。日內瓦湖景色迷人，湖岸邊城鎮林立，又有不少歷史名勝和古蹟，自古以來，都是歐洲達官貴人度假休閒之處。我在公務之餘，喜歡搭乘觀光渡輪繞湖一周，享受恬靜的湖光山色。

介於日內瓦和洛桑（Lausanne）兩城之間有一段湖區，叫做拉科特（La Côte）。另外由洛桑到沃韋（Vevey）之間的另一段，叫做拉沃（Lavaux），是丘陵山坡地形，不管我在

鬱鬱蔥蔥的拉沃葡萄園

湖中遊，抑或在公路往返途中，都能看到那一望無際的梯田，那是著名的葡萄樹種植區，也是葡萄酒產區。山坡上盡是排列有序、密密實實、鬱鬱蔥蔥的葡萄園，非常壯觀，令人嘖嘖稱奇。

這次疫情肆虐，旅遊業慘淡。我乘機驅車從日內瓦出發，先抵洛桑，再沿著山坡小路，前往占地八百多公頃、早被聯合國列入世界文化遺產名錄的拉沃葡萄梯田區（又叫葡萄台地）。距離還遠，就已嗅到甜沁心脾的葡萄香氣。我在山坡高處停下車，捨棄搭乘觀光小火車，徒步沿梯田葡萄小徑一路走下去。走進葡萄種植園中，一排排齊整的葡萄藤架與我差不多高，此時正值葡萄成熟時，一串串結實累

1.西庯古堡外觀
2.西庯古堡以一座廊橋與陸地相連
3.古堡旁的小碼頭與面前的湖光山色

累、密密匝匝的葡萄，仿如座座珍珠塔，在驕陽下更顯得綠意盎然，鮮亮青翠，令人看了垂涎欲滴。

出於疫情的緣故，當地著名的拉沃酒廠未接受旅客參觀。我轉而前往附近小鎮的餐館，坐下來午膳和淺嚐紅酒，正是偷得浮生半日閒！待到飲飽食醉後，我告別了葡萄園梯田，來到湖邊小鎮蒙特勒（Montreux）的西庯古堡（Château de Chillon）。

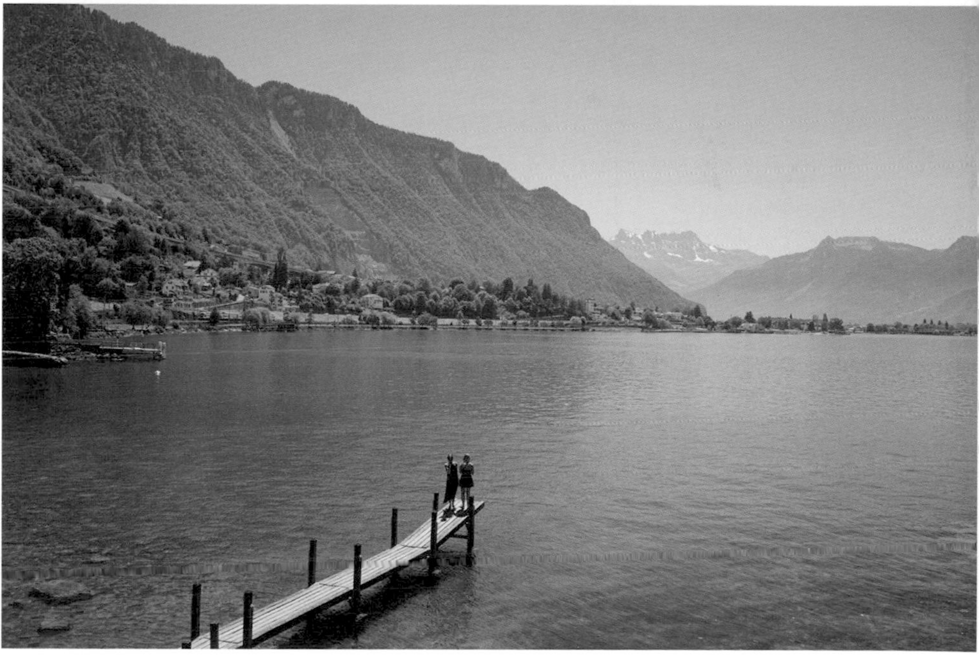

環繞城牆的走道，過去士兵在此巡邏守望

古堡總讓人聯想到中世紀時候的歐洲，騎士與公主的傳奇故事。歐洲的古堡遺蹟繁多，數不勝數，或保存完整，或殘破不堪。西庸古堡享負盛名，是「歐洲十大古堡」之一。古堡距離蒙特勒鎮中心區僅五公里，建在日內瓦湖東端的岩石小島上，以一座廊橋與陸地相連。遠遠看去，彷彿是一座漂浮在水上的城堡。西庸是石頭的意思，古堡的主要建材就是石塊，城牆、道路都以石頭堆砌。城牆上面有許多箭垛、槍眼、炮口等防禦設施，頗有「一人守隘，萬夫莫向」之勢。

堡內的設施相當豐富，包括防禦塔樓、軍火庫、公爵居所、紋章大廳、禮拜堂等等。最爲著名的卻是古堡地下的監獄，因爲十六世紀時，主張日內瓦獨立的弗朗索瓦．博尼瓦（François Bonivard）曾被囚禁了六年之久。英國詩人拜倫（Byron）有感於此，寫下了一首歌頌自由的著名敘事詩《西庸的囚犯》（The Prisoner of Chillon），詩中繪聲繪影地描述了西庸地牢的幽深恐怖：

西庸的地牢幽深而陳古，
裡面有七根哥特式的石柱；
七根柱子灰白而高大，
堅實地挺立在獄中幽光下。
日光在牢中會迷失途徑，
剛剛透出厚牆的縫隙，
轉眼間便消失得無蹤影。

因爲他的著作，城堡名聲遠播，人們紛紛慕名前往，到地牢見識他在詩中形容的七根灰白高大的石柱、森冷的鐵環和鎖鏈、沉重的鐐銬和鐵柵欄等等。當然也不忘看看他留在地牢石柱上的簽名眞跡。

蒙特勒小鎭的規模不大，卻是有名的爵士音樂之都。一九六七年首次舉辦蒙特勒爵士音樂節（Montreux Jazz Festival），一開始時只有三天的活動，因受到知音人士的歡迎，逐漸發展成每年爲期兩周，規模及影響力愈來愈大的國際爵士音樂節，且樂曲形式也已不限於爵士，是爵士音樂大師、傳奇搖滾樂團和流行歌手雲集的音樂盛典，慶典期間還有不少免費的音樂會在日內瓦湖畔激情上演。假若不是疫情的關係，想必今日我會見到熱鬧滾滾，洋溢著音樂與歡欣的小鎮。

值得一提的是，蒙特勒是皇后合唱團（Queen）已故主唱弗雷迪·默丘里（Freddie Mercury）最鍾愛的度假勝地，皇后樂團曾把錄音工作室設在鎮內，在弗雷迪·默丘里過世之後，湖邊立了一座他的銅像以爲紀念，蒙特勒也成爲衆多樂迷朝聖的最佳去處。二〇一八年上映的電影《波西米亞狂想曲》（Bohemian Rhapsody）更把世界的樂迷重新帶回到皇后合唱團那段經典的年代。

日內瓦湖畔還有個地方很值得一遊，就是沃韋小鎮。它在蒙特勒的西面，是一代喜劇大師查理·卓別林（Charlie Chaplin）的長眠之地。他的電影作品在戰後風靡一時，我童年時看過他的《摩登時代》、《城市之光》等電影，直至今日依然印象猶新。後來這個爲全世界觀衆帶來歡樂的喜劇大師來到瑞士，在沃韋小鎮一住就是二十五年，最終更安息於此。湖畔設有卓別林的雕塑，頭頂圓帽、手持手杖、腳踩一雙過大的鞋子、臉上極具標誌性的翹

鬚，全是他經典的造型。雕塑正對著日內瓦湖，周遭種滿鮮花。許多來訪的旅客都會停下腳步跟它合影。

1.位於日內瓦湖畔的卓別林雕塑
2.卓別林雕塑和大叉子

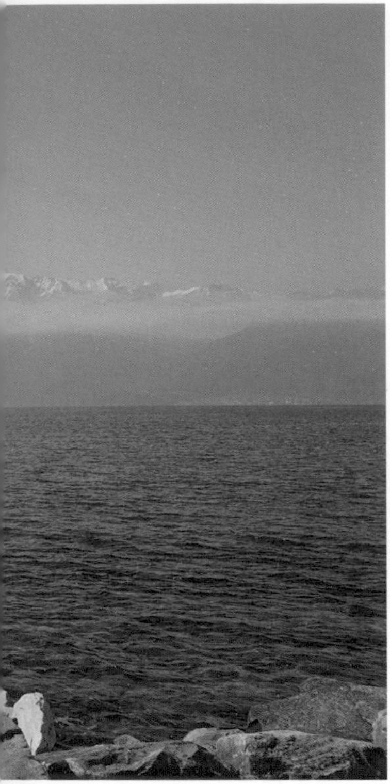

卓別林的晚年定居沃韋的一棟別墅裡，別墅的花園占地十四公頃，曾是大師最愛的地方。現今這棟別墅作爲「卓別林紀念博物館」，被稱爲「卓別林的世界」。藉這次重訪的機會，遊人減少，讓我更能仔細瀏覽。整個園區分爲兩部分，電影館裡頭放了很多電影相關資料，以及電影場景的重現。卓別林故居的每個房間則都精心保留著他生前生活的物件和擺設，有著濃厚的生活氣息，來這裡的人們可以更爲了解螢幕之外的卓別林。我亦不能免俗，同大多數遊客一樣，和「日常生活中的卓別林」合影留

2　1

1.和「日常生活中的卓別林」合影留念
2.日內瓦湖內的一根不鏽鋼大叉子

念，並衷心感謝這位喜劇天才爲大家帶來的歡樂。

沃韋小鎮還有個特色，那就是日內瓦湖內的一根不鏽鋼大叉了，總共有八米高，非常吸睛。這是一位瑞士藝術家Jean-Pierre Zaugg的作品，和湖畔的卓別林雕塑相距不遠。叉子屬於雀巢公司食品博物館的一部分，原本只打算展示一年時間。後來在當地居民的請願下，叉子在十年後重新安置回日內瓦湖，成爲小鎮的熱門景點。

奧林匹克之都：洛桑

洛桑因國際奧林匹克委員會總部所在地，以及一座世界最大的奧林匹克博物館（Olympic Museum）而聞名遐邇。它是瑞士第四大城市，位於日內瓦湖北岸，屬於法語區，正好與法國的「礦泉水之鄉」埃維昂萊班（Evian-les-Bains）隔湖對望。與瑞士大部分城鎮一樣，洛桑也是依山傍湖。它的歷史源遠流長，迄今已有一千五百多年，羅馬人早在公元四世紀便在此興建，今日的城市基本上是以羅馬人的遺址爲基礎建設起來。古城分爲兩個區域：湖畔的烏希城區（Ouchy）和山坡上的老城區。

由於城市建在瑞士高原南方的山坡上，單是從湖邊前往城區，就得走過高高低低的坡道，落差達四百多米之多，造成市民往返的不便。爲此，政府便在洛桑建設了整個瑞士唯一的地鐵——洛桑地鐵（Metro de Lausanne），雖然目前只有兩條線，但已足夠解決市民的交通需求了。

我經常往返日內瓦與伯爾尼，洛桑是必經的中間站，可是每次都是過門不入，未曾正式停留拜訪。猶記得第一次來到洛桑的老城區，還是拜國家主席習近平所賜：二〇一七年一月，習主席到瑞士進行國事訪問，我有幸成爲當地華僑華人的代表之一，在老城中心壯麗的

門前代表奧運精神的八根柱子

洛桑宮殿酒店（Lausanne Palace）獲得習主席接見。這也是我首次踏足這個古城，可惜當天時間緊迫，只有在酒店附近逛繞了一圈。

這天，爲了前往世遺的葡萄園地，我才順道實實在在地旅遊了一遍。

古城既然有「奧林匹克之都」的美譽，第一站，自然就得拜訪博物館，先來一場奧林匹克歷史饗宴。博物館建在烏希區面向日內瓦湖的山坡上，館外放置不少與奧運會有關的塑像，都是根據奧運的各種體育項目所設計，造型十分逼真，最吸引人的是館前一盞永恆不滅的奧運聖火和代表奧運精神的八根圓柱子。

不滅的奧運聖火以及後方被譽爲「現代奧林匹克之父」的Pierre de Frédy男爵

我站在館前平台上，遠眺對岸的阿爾卑斯山和湛藍湖水的日內瓦湖，一時使我想到宋代詞人吳文英在《水調歌頭．賦魏方泉望湖樓》所寫：「屋下半流水，屋上幾青山。當心千頃明鏡，入座玉光寒。」那般引人入勝的風光。眼前視野開闊，就連心境變得分外不同。

我走入五層樓的展館，裡面收藏逾萬件跟奧運有關的展品，每件都深具歷史價值。館內還設有視聽設備，可以回顧過去比賽的片段，讓我如置身奧運現場，與運動員一起分享他們奪標的喜悅。參觀博物館之餘，最高興的是搜羅到了歷屆奧運會的宣傳海報，這在館外是買不到的，沒有空手而回，眞是走運。

根據奧運項目所設計的各種塑像

老城區的重要地標——聖母大教堂（Cathedrale Notre-Dame）也不能錯過，教堂始建於十二世紀，不僅是瑞士規模最大的教堂，也被認爲是瑞士最美的哥特式建築。由於聖母大教堂位於高處，需要耗費一番體力才能緩步走上去，途中不時還要稍作休息，剛好讓我觀賞沿途的景色，感受老城的法式情調。

大教堂的尖頂塔樓掩映在綠樹間，氣勢恢宏，是哥特式建築的特色。大門上雕刻著聖經主題人物的雕塑，儘管年代久遠，卻絲毫不減其精美。進入教堂內部，帶來一股莊嚴肅穆之感。正中央的祭壇上有一本攤開的古老聖經，背靠一個細緻鏤空的雕花十字架。周圍鑲嵌高達九米的彩繪玻璃窗，精美而色彩鮮豔。當陽光從玻璃透進來，灑落在教堂的石階上，在絢

1.聖母大教堂內部，眾多柱子支撐著肋狀拱頂，顯得格外高聳
2.聖母大教堂內的彩繪玻璃

麗的色彩間，添加了幾分神聖。

如要登高遠望，可攀上總共兩百三十二級臺階的鐘塔。我見四下無人，決定登上俯瞰城貌。值得一提的是教堂內仍然保留有「守夜人」這個職務，相信是世界僅有的了。每晚十時到凌晨二時之間，一到整點，守夜人都會面朝四個方向呼叫報時，風雨無阻，從未缺席。據說這是中世紀留下來的傳統，當時歐洲城市中的教堂一般都設有守夜人，除了報時外，更負起守護全城的責任，一旦發現有什麼突發意外就會鳴鐘示警，通知全城居民。如今科技資訊發達，教堂的這項儀式已無實質用處，應該只是象徵意義吧！卻也表現了當地人對歷史的傳承與尊重。

1.聖母大教堂位於高處，需要耗費一番體力緩步走上去
2.哥特式風格的聖母大教堂
3. 門上雕刻著聖經主題人物的雕塑，儘管年代久遠，卻絲毫不減其精美

從山坡較高處俯瞰洛桑

走出教堂，可一路前行至老城最繁華的帕呂廣場（Place de la Palud），廣場以雕塑噴泉為中心，噴泉後方是一座為一九六四年瑞士博覽會而建的報時鐘。我環顧四周，一幢幢密集的建築都相當具有歷史。據說每逢周三、周六早上，廣場成為蔬菜水果的市集，那時應該是全城最熱鬧、最具有煙火氣的時候吧！每個月的第一個周五還會定期舉辦民間藝術展，若想感受洛桑的文化氛圍，別忘了挑對時間拜訪。說到文化氛圍，事實上，洛桑不僅僅是奧運之都，諸多文壇巨擘，如伏爾泰、拜倫、狄更斯、雨果等人都喜歡來這裡居住，找尋寫作靈感，因此也有人稱呼洛桑為「國際文化城」。

在日內瓦湖畔的烏希碼頭是往來對岸法屬小城的交通樞紐，可見到不少豪華高級的私人遊艇停泊在湖邊。湖畔一帶多爲咖啡館、餐廳和渡假酒店，經常坐滿旅客在此欣賞山清水秀、旖旎風光，然而我爲了趕往下一個景點，只好匆匆告別這座充滿歷史的古城。

花山別墅的故事：韋爾蘇瓦

距離日內瓦城區約十公里處，名曰韋爾蘇瓦（Versoix）的小鎮山丘上，有一座三層高的小白樓，因其位於「花山街」而得名「花山別墅」（La Villa du Grand-Montfleury）。我往來瑞士十多年，往返日內瓦更是不計其數，但花山別墅卻是第一次獲悉，知道其中的淵源後，更是「相逢便情深，恨不相逢早」！

花山別墅坐落之處，即便在朋友的陪同下也讓我們一通好找，更不用說大部分不知其存在的中國旅客了。自古至今，對於任何一個企業來說，似乎都是

三層高的花山別墅

「守業更比創業難」，而一個國家的創立，更是如此。新中國成立之初，百廢待興、百業待舉，對外方面更面臨著巨大的外交壓力。在這種環境下，一九五四年周恩來總理率中國代表團參與了日內瓦會議，這是中華人民共和國第一次作爲五大國之一參與的重要國際會議，其中的深遠意義可想而知。會議期間，周總理和中國代表團下榻的居所就是花山別墅，亦即，新中國打開外交局面便是從這裡開始。

當年於萬國宮舉行的日內瓦會議上，議程主要爲討論和平解決朝鮮問題，以及恢復印度支那（註：法屬印度支那，約爲今日中南半島的越南、老撾／寮國、柬埔寨三國）和平兩個議題。最後通過了《日內瓦會議最後宣言》，爲印度支那人民爭取了合法的權益。歷經戰火洗禮的新中國，也在這重要的國際舞臺上首次亮相，周總理表現出無比的睿智和政治才能，引起世界矚目。「文能提筆安天下，武能上馬定乾坤」，年少時「爲中華之崛起而讀書」的周總理在花山別墅運籌帷幄，廣交朋友，其展現的外交風采和魄力，連對手都被折服，也讓初生的新中國免於被孤立的境遇。作爲時代的開創者，新中國外交路線的奠基人，周總理在國際舞臺上爲國奔走，以卓越的政治智慧和獨特的個人魅力爲新中國樹立了良好的外交形象。正是老一輩領導人做出的不懈努力，影響著一代又一代外交人員，才有了今日中國在國際社會上的地位和影響力。

小樓外牆上的銅牌

此外，在一九六一年，當時的外交部長陳毅元帥來訪日內瓦時，代表團一行也同樣下榻於花山別墅。「創業維艱，守成不易」，我對新中國的先輩們致以最誠摯的敬意，他們以開放的思想，寬廣的胸襟和超凡的遠見爲新中國在外交路線上打開了一片新天地。

如今，花山別墅周邊原本寬闊的花園被新建的公寓所取代，面前安靜佇立的小樓外觀顯得有些普通，又有些不平凡，和煦的陽光投射在小樓的白色牆壁和窗玻璃上，光影斑駁。小樓的外牆上，貼有一塊銅牌，分別用中、法文標註：「中國周恩來總理一九五四年、陳毅元帥一九六一年分別參加日內瓦國際會議期間曾在此下榻」。

除此之外，儘管現在的花山別墅仍保持原來的外貌，內部已成爲當地數間公司的辦公場所，絲毫感受不到當年波瀾壯闊的外交風雲。疫情當下，我被擋在別墅外面不得其門而入，唯有與陪同前來的老邱夫婦繞著小屋轉了多圈，可惜無法尋到老一輩領導人留下的蹤跡，內心不免有些感慨。

此前我收到中國駐世貿組織負責人的邀請，向我詳細介紹關於花山別墅的來龍去脈，也期望我作爲瑞士華商會會長，能爲花山別墅的重塑改造，以及宣揚其在歷史上的重要意義而一起努力。小白樓見證了新中國走向國際的里程碑，記錄新中國的締造者們在國際舞臺所留下的深厚印記，它曾經展現的歷史風采、承載的歷史意義和精神不應隨著歲月流逝而逐漸遭到淡忘。不管是作爲愛國主義教育基地，還是中瑞友好關係的見證和開拓地，花山別墅都值得歷史濃墨重彩的記上一筆。無論是過去、現在或未來，每一步、每一天都是緊密相連的，老一輩領導人對新中國所做的貢獻是無可抹滅，也不能遺忘的，即使時過境遷，歲月賦予的應是更爲厚重的質感，需要我們後人去緬懷、去傳承、去努力。

小鎮遊：奧爾布、羅曼莫蒂耶—昂維、格朗松

先前參觀納沙泰爾湖畔小鎮之後，趁著這股遊興，我與司機約好再前往湖的西邊，另一個湖畔小鎮——伊韋爾東萊班（Yverdon-les-Bains），據說當地有片史前遺留下來的巨石陣遺址。提到巨石陣，大家都不約而同想到英國威爾特郡的巨石陣（Stonehenge），無數人慕名前往，它已成爲訪英必遊的景點。至於瑞士的巨石陣，倒是聞所未聞，沒什麼知名度。究竟爲何瑞士會有巨石陣？我打算到當地一探究竟。

我從日內瓦出發，前往納沙泰爾湖畔，司機建議我走鄉間小路，如此一來，可在途中多參觀幾個不同特色的小鎮村落，回程不需要將時間浪費在路途時，再走高速公路，我當然舉手贊成這樣的安排。

奧爾布

途中經過的第一個小鎮，叫做奧爾布（Orbe），位在以洛桑爲首府的沃州，屬於法語區，人口六千多人，全鎮面積不過十二平方公里。我們抵達的時間尚早，大街小巷的店鋪仍未開門營業，路上行人寥寥。跟其他瑞士小鎮一樣，小鎮掛滿彩旗。它可是一座中世紀古

1.別具風情的古樸小鎮
2.有些房屋的中間以廊道相連接

城，過去是羅馬駐兵之地，鎮中心區的外面，仍保留羅馬人防禦工事的遺跡。據司機介紹，在奧爾布不遠處的郊外田野，發現一座約公元一七〇年左右的羅馬豪宅遺址，其中有九幅馬賽克地板鑲嵌畫，具有細膩寫實的人物與動物，以及精緻繁複的花紋飾樣，令人讚歎，也正說明了當年古羅馬的輝煌歷史。

小鎮依著小山丘的地勢而建，我順著山坡街道，步行直至鎮內最高點。途中經過的街巷都顯得十分狹窄，房屋樣式古樸，別具風情，有些房屋的中間還以廊道相連接，這些都屬於中世紀的建築。

山坡高處有座圓形塔樓，原本有座城堡雄距在山丘之上，傲視全鎮。如今僅存一座圓塔、一座方塔和城堡廣場，其餘城堡部分在勃根第戰爭時遭到了毀壞。圓塔樓原本是城堡的瞭望塔，可惜疫情下並未開放。我從高處探看下方的田野和葡萄園，也看見雀巢公司的總部。據說小鎮現在有部分已改為工業的生產基地了。我在附近蹓躂一會，順便走入教堂參觀，這時朝陽透過彩色的玻璃窗，照射進祭壇，祭壇彷彿披上了一件塊麗的彩衣，漂亮極了！

1.圓形塔樓
2.陽光照進祭壇，像披上了一件瑰麗彩衣

羅曼莫蒂耶—昂維

接著順路來到第二個小鎮，叫做羅曼莫蒂耶—昂維（Romainmôtier-Envy），一九七〇年，政府將羅曼莫蒂耶和昂維這兩個小鎮合併，小鎮的規模非常小，甚至

小鎮一隅

不如我剛遊過的奧爾布。它面積僅七平方公里，人口只有約五百人。

此處是環保區，汽車不准駛進，我們因此將車停在鎮的入口，而我再度安步當車，漫步在小鎮古舊的鵝卵石街道上。

此地有一所建於公元九九〇年至一〇三〇年間的羅曼莫蒂耶修道院（Romainmôtier Priory），最值得參觀。它的建設基礎是一座五至七世紀的修道院遺址，是目前瑞士保存最古老的羅馬式教堂建築之一。來到這座逾千年的古建築，當然要好好參觀一下。

除了哥特式的拱頂、圓柱走廊、彩繪玻璃等，特別之處是它至今依然保留著八世紀時的布道壇形式，布道壇是用一塊大

修道院之家

石製作而成，石塊上有巨大的十字架與百合、棕櫚樹等圖樣，從紋路痕跡來看，確實可以感受到它度過的漫長歲月。此外還有十四世紀的壁畫，以及十五世紀的唱詩班座椅。據說在冬夏兩季，教堂都會成爲音樂會舉辦的場地。

旁邊的修道院之家（La Maison du Prieuré/The Priory House）建於十三世紀，過去用來接待貴族或身分地位較高的人士。中世紀時，羅曼莫蒂耶也位於其中一條前往西班牙聖地牙哥—德孔波斯特拉主教座堂的朝聖路線上。這些朝聖路線曾經建造過上千棟同樣作用的宅邸，如今已所剩無幾，也顯出修道院之家的珍貴。

其實修道院之家一度荒廢傾頹、破敗不

1.修道院外觀
2.修道院裡的美麗壁畫
3.右側爲一塊大石製作而成的布道壇

堪。直至二十世紀，一位記者兼旅行家Katharina von Arx買下房子後，發現這棟建築的歷史價值，協助其進行修復，建築內部無論是寬敞的壁爐、方格狀的天花板，美麗的壁畫等等，都相當難得一見。而今它不僅被列爲瑞士的重要歷史古蹟，也經常作爲活動、聚會的場所。

格朗松

下一個小鎮是位於納沙泰爾湖西岸的格朗松（Grandson），一座宏偉的格朗松城堡（Chateau de Grandson）讓小鎮成爲湖畔的旅遊景點之一。

矗立於湖邊的格朗松城堡是瑞士第二大的城堡，約建於十一世紀，具拔地倚天之勢，無論處在小鎮的任何位置，都能清楚見到它。城堡周邊圍繞著城牆，五座高聳的圓形瞭望塔警戒著小鎮的每一個角落，彷彿一位衛兵時刻守護著小鎮。城堡三面向山區平原，另一邊則是納沙泰爾湖。原先東南面與納沙泰爾湖緊緊相依，是天然的屏障，十九世紀時的滯洪項目使得湖泊水位降低，導致如今城堡與湖之間還隔著一小段距離，但在中世紀時，是一座易守難攻的軍事要塞。

根據資料所述，十五世紀時，這裡曾經發生了一場「格朗松戰爭」（Battle of Grandson），是舊瑞士邦聯力抗勃根第公國，結果瑞士士兵以寡勝多，擊退了強敵，格朗松城堡因而一戰成名，聲名遠播。

城堡歷史悠久，卻保存得相當完美，並開放參觀。除了堡內不同用途的房間、設施外，還收藏了很多中世紀的武器，陳列刀槍、火炮、盔甲等展品，以及一座模型重現一四七六年當時瑞士軍隊與勃根第公國戰鬥的場面。儘管今日因疫情關係，入內參觀的旅客不多，仍然巧遇一群學生，在老師的帶領下來到城堡參觀。老師認真講解，同學們也專心聆聽，實地了解小鎮的歷史。

保存良好的城堡內部

ATTENTION:
VORSICHT:
CAUTION:
ATTENZIONE:

我順次參觀了城堡的每一層樓，接著走出城堡外的寬闊平台，此處可盡覽小鎮風光，以及遠方的葡萄園，更可以欣賞納沙泰爾湖的湖光山色。

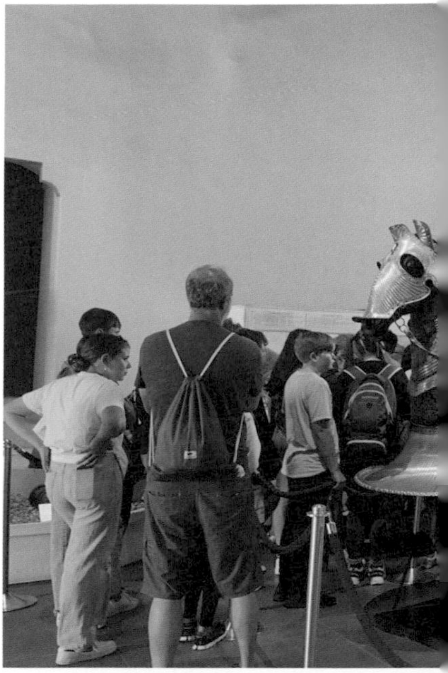

1.城牆上方有走道，古時士兵就是在此巡邏守望
2.保存完美的盔甲展品，開放遊客參觀
3.一覽小鎮風光

新石器時代巨石群．伊韋爾東萊班

瑞士的遠古巨石群遺址就在沃州的第二大城——伊韋爾東萊班，簡稱伊韋爾東，位於汝拉山和納沙泰爾湖之間。這座擁有青山綠水的城市興建於十三世紀，歷史文化卻更爲悠久，城中不僅有古羅馬溫泉中心的遺址，更保留著大量羅馬人和凱爾特人（Celt）的遺跡，再加上巨石群遺址，足以說明城市源遠流長。這裡的溫泉水質含有豐富的硫和鎂，今天依然是該國一處熱門的水療度假區。

我一抵達城市，自然選擇先參觀一座宏大的水療度假中心。可惜如今新冠肺炎肆虐，這裡當然也無法倖免，一反平常其門如市的熱鬧情況，只提供有限度的服務。在度假中心

小鎮中的噴水池

薩瓦城堡外觀

用過午餐後，我悠然愜意地返回市中心區。遠遠見到一座城堡，四個角落各有一高聳的圓形瞭望塔，外觀與早先遊覽過的格朗松城堡十分相似，不過名氣和規模都不及後者。這座伊韋爾東城堡由薩瓦（Savoy）伯國建於十三世紀，因此又稱薩瓦城堡（Savoy Castle）。原本做爲軍事防禦設施的城堡如今搖身一變，成爲多功能的文化中心，內部不僅設有博物館、劇院、會議室等，還成爲瑞士時裝博物館（Swiss Fashion Museum）的展覽區域，同時也介紹了城市的發展史，我入內遊走一圈，稍微了解一下當地的歷史沿革。這座古城曾經一度是工業重地，目前大部分工廠已遷移他地，現在博物館、大學林立，儼然成爲一座文化之城。

薩瓦城堡內部展覽

城堡所在的區域屬於老城區，周邊聚集了餐廳、咖啡廳等商店，還有不少私人博物館，其中最特別的是一間叫做「別處之家」的博物館（House from Elsewhere/Haus von Anderswo）。博物館建築是由兩棟三層樓房所組成，樓與樓之間以廊橋連接。我聽司機介紹，這是歐洲第一間科幻小說博物館，館內收藏超過七千多本科幻小說，以及各種與穿越時空有關的書籍、玩具和藝術品。我從第一棟主展館開始參觀，裡面全部是不同年分出版的科幻小說封面和書中的插圖，另設有放映室，專門放映科幻動畫，非常獨特。接著，我從連接的廊橋走到另一棟樓，這兒收藏的則是科幻和光怪陸離的小說，對這類讀物感興趣的朋友，非常值得來此參觀。

參觀完科幻博物館後，對面是一座伊韋爾東教堂，原屬於天主教堂，時移世易，如今已改爲基督教堂了。

2 1
2

1.「別處之家」博物館外觀
2.博物館內琳瑯滿目的收藏品

伊韋爾東教堂外觀

教堂前面有一尊塑像，是爲紀念瑞士一位卓越的教育家約翰．亨利赫．裴斯泰洛齊（Johann Heinrich Pestalozzi，1746-1827）。他的一生從事兒童教育，認爲對兒童的教育必須從家庭開始，並在學校裡繼續進行。他還曾自費設立貧民學校，收容孤兒並加以教導。他被稱爲「貧苦者之友」，甚至在歐洲被尊爲「教聖」。他曾在伊韋爾東設立一所學校來實踐他的教育理論，該校也成爲當時歐洲的教育聖地之一，不僅吸引教育相關人士來訪，他的學生日後也不乏在不同領域成爲知名人士。我站在塑像前，聆聽司機對這位「平民教育之父」的介紹，內心滿懷敬意。

以教堂爲中心分三條古老的石板街放射出去，就是老城的商業中心，出於疫情的緣故，街道上的商鋪基本上都暫停營業。不過兩側的房屋粉刷得色彩繽紛，別具特色。

沿著一條市內的運河走到盡頭，面前就是瑞士境內最大的納沙泰爾湖。相隔寬闊的湖面，我可以清晰望見對岸聳立的格朗松城堡。

湖畔有個Grande Cariçaie自然保護區，區域一直延伸至另一邊的Champ-Pittet自然保護區。兩個保護區有沼澤地、森林和大草

老城石板路兩側的房屋粉刷得色彩繽紛，別具特色

巨石群遺跡

原，植物達上千種，動物更有萬種之多，自然環境維護得非常好，是當地市民和旅客們休閒與親近大自然的好地方。

至於遠古巨石群，就位於保護區內。巨石群由四十五塊石頭組成，刻上各種圖騰以及人類的造型，其中最大的一塊甚至有五噸重、四點五米高。儘管它無法與英國的巨石陣相匹比，卻是瑞士最重要的新石器時代遺址。根據考古學家考證，它已有逾六千年的歷史，對於了解瑞士乃至歐洲地區的歷史方面，極具研究價值。

伊韋爾東並非熱門旅遊點，若非藉著這次深度遊，我大抵不會將這個地方排入行程做深入探訪，因緣際會認識這個城市，並與這個巨石群相遇。

桃源般的瓦萊州山谷小鎮

瓦萊州（Valais / Wallis）是瑞士西南部的一個州（Canton），在拉丁語中，「瓦萊」（Vallis）即「山谷」之意。瓦萊州位置正好在阿爾卑斯山的心臟地帶，遍布高山峻嶺、深淵峽谷，亦有潺潺溪流和深幽叢林，不少小村鎮隱藏在深山，各自有不同的風情韻味。

由於它與義大利邊界接壤，過去是古羅馬人經貿通商的南北重要通道，州內也留下不少古羅馬遺跡。此外，這裡是瑞士境內全年日照時間最充足的區域，又擁有豐富的旅遊資源，被公認是「度假天堂」，其中首府西昂（Sion）就有兩座具代表性的中世紀古堡遺址。州內一座宏偉「三角形」的馬特洪峰（Matterhorn）更讓熱愛攀山運動的好手，以及滑雪、登山的旅遊人士趨之若鶩。除此以外，州內還擁有「冰河故鄉」薩斯斐小鎮（Saas-Fee），海拔一千八百米的迷人小鎮周圍是四千米的壯美雪山。我也曾漫步在萬年冰川上，體驗不一樣的旅程。

這天我從西昂出發，沿著羅納河谷（Rhone Valley，或譯爲隆河谷）前往埃朗山谷（Val d'Herens Valley）。我們繞著盤山公路，兩側是常年積雪、雄偉壯觀的山峰，綿延不絕。乍看之下，實在很難分辨出它們到底哪座是白朗峰，哪座是埃朗峰（Dent d'Herens）

和科隆山（Mont Collon）。

山上到處是天然的大牧場，覓食的牛群行走在山坡，有時候會忽然出現在我們車前，牠們的頸項上套著牛鈴，輕輕搖擺，就響起陣陣清脆的鈴聲。山林間偶爾還會看到被青山密林所環抱的小屋，在這個充滿田園風光的地方生活，該是何種恬靜舒適。

1.瓦萊州山谷小鎮埃沃萊訥景色
2.從埃雷芒斯眺望，可見到下方山谷間的小鎮尤西涅和前方的金字塔地質奇觀

司機一見到山坡上的牛群，就跟我介紹此地與牛有關的風俗。此處的牛生長在埃朗山一帶，所以叫做埃朗牛（Vache d'Herens）。瓦萊州出名的除了葡萄酒、特色美食拉克萊特乳酪（raclette）和壯麗的馬特洪峰外，還有一種別開生面的「鬥牛節」，當地人把這種鬥牛比賽稱做「女王之戰」（Combat de Reines）。參加比賽的牛隻就是埃朗牛，而且出賽「選手」都是母牛。爲何只讓母牛參賽呢？原來埃朗牛的母牛比公牛更有戰鬥力和攻擊性。每逢五月，瓦萊州就會舉辦鬥牛活動，來自州內各個村落的居民就會到場觀戰加油，場面非常熱鬧。這項節日活動自一九二〇年開始，就從未中斷過，不過今年卻例外地遇上疫情，戰鬥力高的埃朗牛也敵不過疫情，只好休戰停賽。

若非深度旅遊，我想應該未必會知道如此盛會和這特別的風俗習慣。埃朗牛的主人們自然就聚居在埃朗山谷間的小村落，據了解，在幽深的山谷裡，原來有十多個隱密的小村鎮，民房依山而建，地廣人稀，鎮民不過數百人，頂多千人，大多數信奉羅馬天主教，保留傳統起居習慣，有點「居人共住武陵源，還從物外起田園」的感覺。或許過去為了逃避戰禍而移居此地，一代一代在此繁衍，在山谷中過著桃源式的隱世生活。

今天我路過此地，行車的馬路取代古時的羊腸小道，這裡已成為旅遊人士夏天消暑、冬季滑雪的勝地，村內居民大多以經營民宿、酒店等旅遊業為主，不過環境相當寧靜舒適，甚少見到汽車來往。

因時間有限，我無法一一訪遊這十多個隱密的村鎮，唯有選擇其中幾處參觀，包括萊索代爾（Les Hauderes）、大迪克桑斯（Grande Dixence）、埃沃萊訥（Evolene）、埃雷芒斯（Heremence）等，司機都逐一停下，讓我穿行在這些小鎮的山間道路，感受那種「峽裡誰知有人事，世中遙望空雲山」的心境。緩步徐行中，我聽到風聲迴盪在山間，空氣清新，連野花的芬香都能嗅到。這樣的環境，真是魅力無窮。

這裡的小鎮都分別設有「鎮公所」（Town Hall），還有天主教堂，民居櫛比鱗次，最特別的是民房建築是另一種古樸的風格，尤其在埃沃萊訥，是利用環山的石灰頁岩作爲屋瓦，一層層的頁岩整齊地疊在屋頂上，下方則是木材結構，古樸實用，居然與中國貴州遺世的青岩古鎮上的石板屋頗爲相似，令人嘖嘖稱奇。兩地相距何止萬里，人們竟然不約而同因地制宜，就地取材，用頁岩板當「瓦」材，蓋起獨一無二的房屋。

1.瓦萊州特色木屋，架高的房屋中間墊上圓盤狀石塊是用來防止老鼠入侵
2.聖尼古拉斯教堂

石柱上頂端頂著一塊巨岩，遠望過去如同一朵朵蘑菇

埃雷芒斯距離著名的大迪克桑斯水壩（Grande Dixence Dam）不遠，鎮上有間聖尼古拉斯教堂和水壩一樣是由混凝土所建造，造型外觀也十分特殊，在當地的木屋間顯得特別突兀醒目，也成為一個吸引遊客的景點。

回程下山時，司機認爲非得要在一處地方停下來不可，那就是坐落在山谷中的尤西涅小鎮（Euseigne）。這裡有獨特的金字塔地質奇觀（The Earth Pyramids of Euseigne），就位於小鎮入口處，地質岩層相當特別，我向來愛研究地質和熱愛觀石賞石，對此更感興趣。山坡上遍布柱狀的錐形岩，連成一堵彷彿長了齒牙的牆壁，有些則如金字塔的形狀。錐形石柱高十到十五米，大部分的石柱上端還頂著一塊巨岩，遠望過去，如一朵朵蘑菇，十分有趣。

根據資料所述，這片金字塔岩柱至少有一萬年歷史，甚至可達八萬年之久，形成時間估計在最後一次冰河時期。隨著冰河融化，冰川撤退，留下大量包含冰礫的岩屑，雨水和冰河融水逐漸分解、侵蝕冰礫，從冰礫釋放的石頭變成下方土壤的保護層，最後形成這般壯觀且特別的景象。

山若有家，家在瑞士：洛伊克巴德

遊瑞士經常會見到一句廣告語：「If mountains have a home, there is Switzerland」，這句話實在是恰如其分。山，就是瑞士的魂。阿爾卑斯山腳下的瑞士小鎮與自然共生，離開煩囂的鬧市，身在其間，頗有種「久在樊籠裡，復得返自然」的舒心愜意。

這天我從因特拉肯乘火車出發，到施皮茨小鎮轉乘登山火車。這也是我這趟瑞士旅程中，少數未有司機和導遊陪同下的單獨行動，因爲路線簡單，酒店禮賓部事前也替我打點一切，準備好地圖和留下聯絡方法，因此我才膽敢獨闖。

從觀景台極目遠眺，視野寬闊，遍覽群峰

俯瞰洛伊克巴德

瑞士的登山遊覽列車的行駛速度一般不會太快，目的是讓乘客可以好好觀賞沿途風景，我乘坐的這一段旅程也不例外。火車掠過窗外兩旁的綠野農莊，參天松林，鬱鬱青青的群山，緩緩向高山爬升，風景如畫，令人陶醉，百看不厭。

蓋米山

火車抵達洛伊克巴德（Leukerbad），我無暇他顧，先直奔纜車站，搭乘纜車直上海拔2,350米高的蓋米山（Gemmi）觀景台。觀景台特別之處，是鋼鐵的架構從岩壁延伸至外面約十多米，懸空在千米高的峽谷上。我鼓起勇氣，踏著鏤空的鋼板步道，兩旁是透明的玻璃護欄，儘管結構結實穩固，

觀景台從岩壁向外延伸十多米，下方是鏤空鋼板步道，走在上面心驚膽顫

仍不免膽戰心驚。站在觀景台最邊緣，極目遠眺，視野寬闊，遍覽群峰，甚至連下方九百米的洛伊克巴德都一覽無遺。

道本湖

接著我前往觀景台低處的蓋米山中湖，叫做道本湖（Daubensee）。環湖的山徑長滿高山植物，我漫步其中，陡峭的山壁伴著藍天白雲，碧綠的湖面上，也是一幅清晰而美麗的圖畫。環湖的遊人很少，「獨行潭底影」，是一種帶著孤寂卻又逍遙自在的感受。

當天適逢我集團同事徐聯安先生在香港舉辦新書發布會，我就在這樣風光綺麗的環境下，通過視頻祝賀他的新書一紙風行賣個滿堂紅。

這裡同時也是瑞士一處滑雪勝地，不過時值炎夏，自然不會有人爲了滑雪來到此地。

洛伊克巴德

洛伊克巴德被喻爲崖壁環繞下的最美村落，也是瑞士最著名的溫泉休閒地。溫泉是羅馬人發現的，此處共有六十五處溫泉眼之多，每天自泉眼源源不斷地冒出三百九十多萬升含有相當豐富礦物質的溫泉水，是瑞士最大的水療保健基地。又由於小鎮建於九百多米高的絕壁下，除了溫泉外，本身秀麗山色

遠望道本湖

同樣也吸引眾多遊客前來觀光。百多年來，歌德、莫泊桑、大仲馬等文人墨客慕名而來，都曾訪遊過這裡。當地設有公共溫泉，我不禁感到心動，想試一回硫磺溫泉浴，據說除美顏效果外，對皮膚病等也有很好的療效。怎知疫情下，所有公共設施都關閉了。

我在鎮內閒逛了一會，見到牽著小狗出來遛彎（散步）的居民，也有拎著行李箱剛剛落腳的三兩遊客。小鎮的房屋以深棕色原木作

2 1

1.紅色纜車行經道本湖
2.道本湖周圍有環湖健行步道

爲外牆，質樸之餘，亦不失品味。鎮內流水淙淙，群山環抱，林木蔥茂，外面更有一池小湖泊，未知源頭從何處來，卻是「低頭便見水中天」。

一眼望三國：西昂

群峰環繞的古鎮西昂（Sion，又叫錫永），是瓦萊州的首府，擁有七千年的歷史，是瑞士歷史最悠久的古城。西昂坐落在山谷中，曾是瑞士重要的防禦要塞。城區內除了少許現代高層樓房，大多數還是數百年甚至上千年的建築。尤其當穿梭在舊城區的巷弄裡，踩在中世紀的石路上，古老的建築帶有它獨特的韻味，恍惚間好似已穿越了時光。

1.舊城區的巷弄景色
2.西昂聖母大教堂

1.陶魯比永城堡
2.瓦萊雷城堡
3.眺望西昂市區及更遠的山脈和葡萄園

從前小鎮的居民是以畜牧爲主，另外還有經營製革工業的老廠房。來到小鎮絕不容錯過的是矗立在城兩邊山丘上的兩座中世紀古堡——陶魯比永城堡（Château de Tourbillon）和瓦萊雷城堡（Château de Valère）。這兩座城堡分別建在兩座小山頂上，中間隔著一小片平地，好像上演著「雙城記」一般兩兩相望，長達近千年。陶魯比永城堡在十八世紀因爲一場大火成了廢墟，只留下城牆和塔樓。而我則沿著坡路，登上瓦萊雷城堡。它始建於十三世紀，保存得很完整，堡內有一座瓦萊雷教堂（Basilique de Valère），最難能可貴是教堂裡保留一個世界上仍可以演奏的最古老管風琴。往年七月，城堡會舉辦音樂節，如今因爲疫情關係，城堡處於關閉狀態，很遺憾未能入內參觀。

西昂的位置接近三國的交界，當我站立在山上的教堂廣場，能夠一眼望三國：義大利、瑞士和法國，同時也看到漫山遍野綠油油的梯田葡萄園。由於地理位置優越，山峰環繞庇護，較高的地勢使這裡的日照也比別的區域更高，被認爲是瑞士最爲陽光普照的地方，氣候溫暖乾燥，天時地利使得這裡成爲瑞士最大的葡萄酒生產地，出品的葡萄酒品質一流，尤其是白葡萄酒。我亦乘機來到城內一家著名的酒莊，準備帶些戰利品回香港與親友們分享。

阿爾卑斯的山中之王：馬特洪峰

瑞士是個名副其實的山國，所以有人說，在瑞士「遊山的味道實在比遊湖好」。一部熱門的《愛的迫降》劇集讓「少女峰」更加名揚四海，不過我認爲整個阿爾卑斯山脈最爲壯美的，是馬特洪峰，它同時是所有瑞士人心中的「山王」。大家十分熟悉的瑞士三角巧克力的標誌就來自於馬特洪峰，特殊的三角錐造型，一柱擎天的氣勢，成爲瑞士的象徵標誌。

要探索瑞士山中之王，按一般行程是先坐火車來到滑雪小鎭策馬特（Zermatt），這裡是上馬特洪峰的必經之地。策馬特位於瑞士西南部的瓦萊州，屬於德語區，坐落在馬特洪峰北麓，有「冰川之城」的美稱。特殊的地理位

馬特洪峰，特殊的三角錐造型，一柱擎天的氣勢，成爲瑞士的象徵標誌。

置使這個山間小村落成爲世界著名的度假和滑雪勝地，每年都吸引無數登山愛好者從全球各地湧至。

小鎮人口不足四千人，空氣清新純淨，爲了保護自然生態環境，它跟很多瑞士的山區小鎮一樣，都禁止燃油車進入，只容許電瓶車和馬車行駛。這裡同時也是世界上垃圾管理和地方建設規劃最爲嚴苛的地方之一，至今小鎮依然保持零污染的原生態環境。這裡的民房是古樸的磚木結構，我來時正值夏季，房屋陽台上種滿了色彩斑斕的鮮花，將小鎮妝點得彷彿童話世界。我來過策馬特多遍，但每次都止步於此。今次疫情肆虐歐洲，我才燃起登上馬特洪峰的念頭，這對我來說也是一次處女之行。

1 2

1.策馬特車站前小巧可愛的電動計程車

2.夏季時，小鎮裡的房屋陽台上種滿了色彩斑斕的鮮花

我到達策馬特火車終點站後，隨即轉乘戈爾內格拉特輕軌（Gornergrat），它是歐洲海拔最高的露天齒軌鐵路，終點是3,089米高的戈爾內格拉特觀景台。此列火車向旅客提供全年無休的服務，可以想像它受旅客歡迎的程度了。據說登山途中的美景大都靠近右側，所以上車之後，我也選擇了右側靠窗的位置。此時瑞士與全球一樣都受到新冠肺炎疫情影響，登山旅客寥寥無幾。一路上，火車的車窗外都是大自然的瑰麗畫廊，幽靜的高山湖泊，壯麗的山谷，茂密的森林，漫山遍野的松樹，正是「天然一管生花筆」。

不過高山的氣候果眞變化多端，從策馬特小鎮出發時，仍舊風和日麗。隨著小火車緩慢沿山坡攀升，天氣卻開始改變。天空蒙上了一層霧氣，天地氤氳，我擔心此行未必是最佳時候，山上觀景台的景色可能因此受到影響，讓我無法欣賞到心目中期待的美景。

當火車爬升到兩千五百米後，大部分的路段幾乎都是在岩壁裡開鑿的隧道中穿行，原本一路走來的青翠綠草地轉變爲滿眼都是白雪皚皚的冰河雪山。火車繼續前行，終於到達戈爾內格拉特觀景台。此時山上天氣由晴轉陰，並且雨雪霏霏。儘管對面就是馬特洪峰，但被濃霧所掩蓋，能見度相當低，整座龐大馬特洪峰幾乎模糊不清，我唯有默默祈求天氣盡快轉晴，這樣才不枉此行。不過我已有心理準備，這次登山之旅極有可能空手而回，恐怕無法見到馬特洪峰的全貌了。

冬季時的策馬特和馬特洪峰

離開小火車，我火速前往觀景台上唯一的「3100庫爾酒店」（3100 Kulmhotel），它是瑞士阿爾卑斯山區海拔最高的酒店，亦是歐洲最高的酒店。酒店的位置極佳，居高臨下，坐擁三百六十度環迴觀景之便，有一覽衆山小的架勢。酒店的房間數量不多，若不是因爲疫情關係，要成功訂到房間恐怕得在半年前辦理。

今年疫情令酒店歇業了三個多月，七月才重

阿爾卑斯山區海拔最高的酒店—— 3100庫爾酒店，伴隨著黃金日出。

開，而且營業時間仍不固定，會視疫情發展和旅客情況而調整。我這次逗留期間，酒店每星期也只營業兩、三天。歐洲的疫情讓我因禍得福，這次登山行程是臨時決定，居然也讓我如願以償，不僅訂到房間，房間更湊巧被安排在馬特洪峰正對面，從房間裡就可以看到三角形的山王。然而我也發覺到兩天來僅有三、五位客人住宿在酒店內，疫情真的把旅遊業給害苦了。

當天夜裡，我一直未敢拉上窗簾，希望有奇蹟出現，使我不致空手而回。大約到了深夜，窗外的雪雨停了下來，逐漸放晴。終於，到了早上，天遂人願，天空放晴，挺拔的馬特洪峰躍現在我的窗前。我急不及待，立刻全副戎裝，走到酒店外面最高處的山頂觀景台。此刻標誌性的三角形峰頂已經完全展現在我面前，我屏息靜氣，等待旭日初升。隨著朝霞滿天，東方的朝陽從群山後探出頭來，陽光投射在常年積雪的三角頂端，整座山頭呈現金黃色澤，這就是有名的「黃金日出」的奇觀！我興奮不已，與在場一同觀日出的旅客一起雀躍歡呼。

1.從酒店房間可直接看見馬特洪峰
2.黃金日出以及日出前的光影變化，
十分壯觀美麗

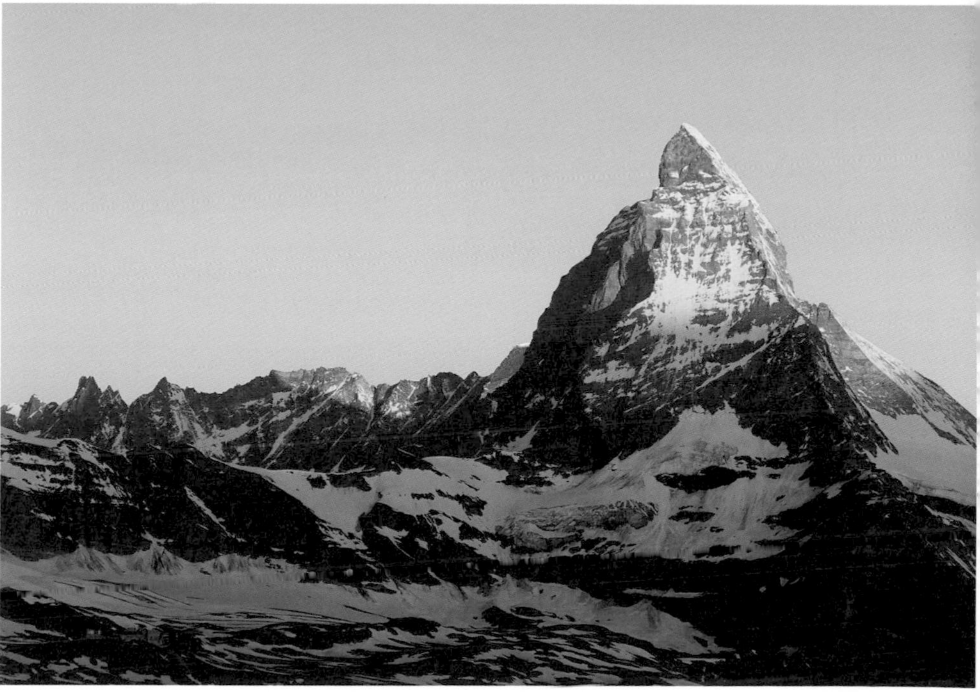

群山環抱之中，皚皚雪山逶迤莽莽，我環顧四周海拔四千多米以上的山峰，山峰下面是變化多端、千姿百態的雲海，更把馬特洪峰襯托出一種傲然挺立的宏偉與豪邁。壯哉！美哉！我迎著撲面寒風，堅持站在觀景台，不敢稍動，就怕錯過了任何難得一遇的精彩鏡頭。隨著天光漸亮，雲海浮騰，頓感自己立身雲上的「仙境」。清朝的文學家龔自珍觀黃山雲海後，發出「千詩難窮，百記徒作」的感歎，我今天看到馬特洪峰的雲海，覺得實際景色比起形容是有過之而無不及。只有親臨，才能體會到當地人「沒看到山王，別說你到過瑞士」這句話的含義。

離開戈爾內格拉特觀景台後，我從原路線返回策馬特小鎮，並沒有沿山路走到離山頂約一公里外的羅登波登（Rotenboden）近距離接觸可以倒映馬特洪峰的利菲爾湖（Riffelsee），因爲高山上氣溫特別低，我並未帶夠禦寒衣物，唯有漫步在鎮內的班霍夫大街（Bahnhof），與手握登山杖和滑雪板的旅客擦身而過，順便到鎮上的商店找尋心儀的紀念品。

在這個滑雪勝地，滑雪自然非常熱門，但我始終沒有膽量去嘗試這種激情的運動，攀冰川登馬特洪峰亦不是我的強項。此山並不算歐洲最高峰，卻是極不易攀爬的險峰，它那棱角分明的「金字塔」三角峰頂，讓攀山者心存畏懼，所以直到一八六五年才被英國登山家愛德

載乘客一覽山峰的紅色直升機

華．溫伯爾（Edward Whymper）和他的同伴征服。我們亨達集團有個「攀山英雄」羅啟義，在他登上世界最高的珠峰後，「三角」馬特洪峰也被他征服。這一點，我望塵莫及。一時興之所至，前往鎮上的直升機觀光服務站，請導遊安排當地的直升機升空行程。包圍策馬特小鎮共有三十八座山峰，其中高達四千多米就有二十九座之多，恰好這天碧空如洗，遠山如黛，正是千載難逢之機會。

我搭上直升機，遨遊天際，追逐群山，近四十分鐘的空中旅程，從高空俯瞰大地，視野遼闊。我穿梭在山巒雲海間，宛如置身虛無飄渺的仙境，感到無限暢快而愜意！

從高空俯瞰大地，視野遼闊

Chapter 05

西北瑞士大區

位於瑞士北部至西北部，由巴塞爾城市州、巴塞爾鄉村州和阿爾高州三個聯邦州組成，主要語言爲德語，此區最大城是巴塞爾。

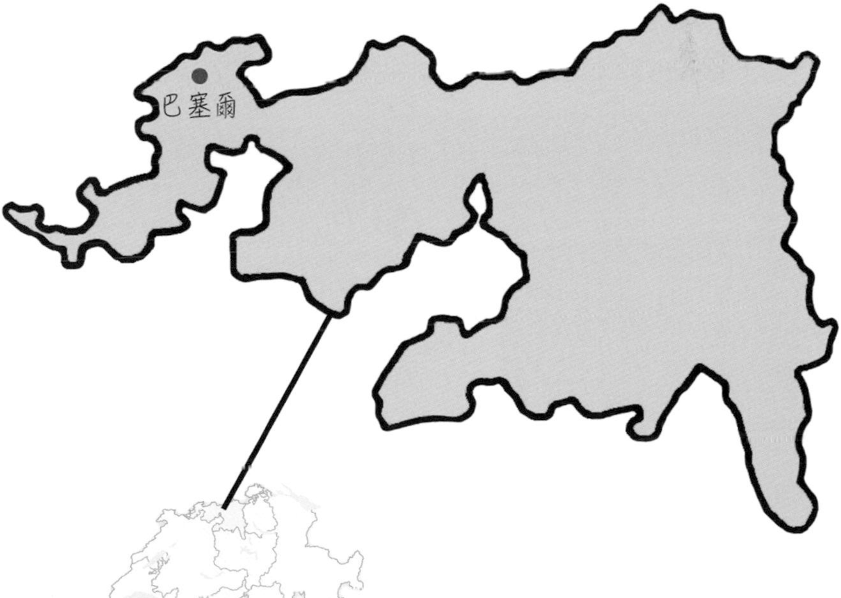

雞鳴三國：巴塞爾

中國的雲貴川有「一雞鳴三省」之說，而巴塞爾位於瑞士、法國和德國交界之處，可稱得上是「雞鳴三國」了。只消十多分鐘的時間，就可從市中心跨越德國和法國的國界。可想而之，在三國交界的紀念碑前，打一個噴嚏，三國的朋友都能清楚聽到，比起在雲貴川傳音更爲方便。

萊茵河穿城北上，

米特勒雷橋連接大小巴塞爾，橋上有電車穿梭

將巴塞爾一分爲二，以米特勒雷橋（Mittlere Brücke）連接兩岸。左岸也就是西岸，稱爲大巴塞爾（Grossbasel），既是舊城，又是經濟商業購物中心；右岸即東岸，稱爲小巴塞爾（Kleinbasel），有許多花店、畫室、工藝作坊，以及咖啡廳在這邊聚集。

1.巴塞爾大教堂
2.萊茵河有一部分為德瑞兩國的界河，圖左為德國，右邊為瑞士
3.羅氏製藥的總部大樓，由赫爾佐格與德梅隆設計事務所設計

特殊的地理位置讓這個瑞士第三大城市非常「不瑞士」，這裡有三國共用的中央火車站（Bahnhof Basel SBB），兩國共用的機場，坐一趟公車就已經出國。街上擦肩而過的行人說著不同的語言，像個小聯合國，卻又格外融洽和諧，這些都使巴塞爾多元而國際化。

當然巴塞爾最出名的不是靠響徹三國的公雞打鳴，而是它發達的工業：化工和製藥。名列世界前十大藥企的諾華藥業（Novartis）和羅氏集團（Hoffmann-La Roche）在其領域處於世界領導地位，而它們的總部均設在巴塞爾。

不同於我們對工業城市的固有印象，巴塞爾環境優美，風光旖旎，很多歷史悠久的老建築被完好地保留下來。儘管是工業重鎮，但所有企業污水、生活污水在流入萊茵河之前，都經過事前的妥善處理，因而城內見到的河水十分清澈。

眾所周知，奧斯卡是全球電影的盛會，巴塞爾的鐘錶珠寶博覽會則被譽爲「奢侈品中的奧斯卡」，是全球鐘錶界的盛事。每年巴塞爾都會舉辦一場獨立的鐘錶展覽會，聲勢浩大，幾乎囊括全世界的頂級腕表品牌，這場已經開辦一百多年的盛會，對於鐘錶行業的重要性不言而喻。然而，這場盛事終究敗給了猝不及防到來的新冠疫情，幾經推遲，甚至帶來不少品牌糾紛，使得主辦方不得不決定將二〇二〇年展覽推遲至二〇二一年。不過二〇二一年伊始，歐洲疫情反覆，太多的變故以及不確定性讓這場盛會的前途「生死未卜」，能否如期舉辦，一切都未可知。（註：因疫情等因素，自二〇二〇年至今，巴塞爾鐘錶展皆未舉辦。）

巴塞爾的學術文藝氣息濃厚，是瑞士最古老的大學城，城中的巴塞爾大學成立於一四六〇年，不僅是瑞士最早的大學，亦是整個歐洲歷史最悠久的大學之一。此外，這裡也是瑞士博物館密度最高的城市，擁有約四十座博物館，數量十分驚人。巴塞爾每年還會舉辦「巴塞爾國際藝術博覽會」（Art Basel），這個博覽會每年會在世界幾個地點舉行，其中巴塞爾被公認爲是世界最高水準，並以其巨大的交易額被視爲全球藝術市場的「晴雨錶」。二〇二〇年剛好是巴塞爾藝術展五十周年，疫情陰霾下，巴塞爾藝術展只好開辦首個網上展廳，用視頻方式讓每個人在艱難時刻依舊可以保持對藝術的追求。我突然想到法國詩人瓦雷里《海濱墓園（Le cimetière marin）》的一句詩，「Le vent se lève, il faut tenter de vivre.」（意爲：縱有疾風起，人生不言棄。）各行各業皆是如此。惟願疫情早日過去，再來巴塞爾邂逅藝術天堂。

在巴塞爾有間世界頂級的建築事務所——赫爾佐格與德梅隆設計事務所（Herzog & de Meuron Architekten），這個瑞士建築事務所在二〇〇一年獲得建築界的最高榮譽普里茲克獎（Pritzker Architecture Prize）。他們的作品兼具抽象主義和極簡主義風格，開創了另一種新的潮流。如果對他們不瞭解，事實上北京〇八奧運那一座「鳥巢」運動場就是赫爾佐格、德梅隆與中國建築師合作完成的完美傑作。在巴塞爾市內，到處都有他們的作品，愛好研究欣賞建築的人士在這座城市展覽館中，必定會如魚得水，大飽眼福。

巴塞爾還有一張國際名片——羅傑．費德勒（Roger Federer）。這位優秀的運動員擁有二十個大滿貫頭銜，堪稱瑞士國寶和形象大使！作爲天王的故鄉，巴塞爾成爲全世界球迷的打卡聖地。

巴塞爾一年四季陽光充足，擁有中歐「天氣最好」的城市美譽，是非常適合旅遊的地

船長小心地操控船隻通過船閘

方。如同許多有水的城市一樣，探索巴塞爾最妙的方式，是在萊茵河中乘船遊覽。這天剛好雨後，河水水量充沛，我從城外搭乘Rheinfahre觀光渡輪暢遊萊茵河，船上提供詳盡的講解，也見到萊茵河上設有多重調節河水的水閘和運河，使河水不致氾濫，釀成災害，也保證航道暢通。我坐在船上，岸邊緩緩移動的景色浪漫而恬靜。兩岸各有特色，一邊是現代工業區，另一邊保留著古意風韻，房屋掩映在綠樹間，山坡上有層層梯田，種植著待豐收的葡萄，正是「岸上湖中各自奇，山觴水酌兩皆宜」。

觀光渡輪碼頭靠近米特勒雷橋附近，這座橋又叫「中橋」，是巴塞爾保存至今最古老的一座橋，原本是建於十三世紀的木橋，橋上不僅有繁華的集市，亦是處決犯人的場地。二十世紀初，木橋已修改為堅固的花崗岩橋，集市不復存在，有軌的電車穿梭於橋上，往來兩岸，是一道繁忙的交通路線。

我在碼頭的觀景台上，發覺河上仍保留傳統的無動力擺渡船，以粗繩連繫著兩岸，靠河水的動力和繩子的牽引，把木船拉扯過去。碼頭一旁是著名的「三帝王酒店」（Grand Hotel Les Trois Rois），疫情下並未開門營業，我只能憑著導遊的友情關係進入酒店，走到靠河畔的陽台上，飽覽對岸景色。

想要深度體驗這座「文化之都」，最佳行程自然是漫步舊城區。舊城的建築是最具有代表性的地標，這裡雖沒有以名勝古蹟聞名，但建築之美，仍讓無數文藝愛好者紛至沓來。首屈一指的要數建於十一世紀的巴塞爾大教堂（Basler Münster），羅馬式與哥特式的尖頂建築特徵共存，被列為瑞士國家遺產，雖然遭到地震多次毀壞，教堂仍按原貌重建。外牆有些斑駁的紅砂岩教堂顏色醒目，幾何圖案的彩色屋頂也十分吸睛。

高聳的雙塔分為北塔與南塔，北塔的牆面上可見到聖喬治屠龍的雕塑，不過這條龍顯得特別小。內部有著哥特式的尖肋拱頂和精美的花窗玻璃，並不富麗堂皇，顯得優雅而沉穩。

1.巴塞爾大教堂幾何圖案的彩色屋頂十分吸睛
2.精緻的花窗玻璃

紅色顯眼的市政廳大樓

除大教堂外，市中心的廣場亦是必遊地段。我穿過舊城中心的古老建築和石板小巷，來到紅色的市政廳大樓前。這兒是熱鬧的集市、商店和餐館休閒購物區，人氣很旺。我想找個好角度，將這座色彩斑斕的建築物拍攝下來，卻非常不容易，一會兒是行色匆匆的路人經過，一會兒是到站的電車，車水馬龍，絡繹不絕。市政廳這天未對外開放，我只能欣賞它牆外的彩繪壁畫，未能入內一探究竟。

導遊爲了滿足我探索歷史的興趣，讓我參觀一座由「赤足教堂」（Barfüsserkirche）改成的歷史博物館，它成立於一八九四年，是瑞士最大的歷史博物館，總共有四處展區，其中赤足教堂是最主要的部分，教堂名稱的由來是過去裡面的修士一律要赤足行走，以此得名。館內藏品豐富，有眾多歷史文物和藝術作品，涵蓋時期從史前直到現代，包括德國畫家小霍爾班（Hans Holbein）於巴塞爾完成的「死亡之舞」木刻版畫系列（Dance of Death）。

1
1
2
1.老城區一隅
2.赤足教堂外觀

教堂內部琳瑯滿目的藝術品

車水馬龍的市中心廣場有集市、商店餐館和購物區

巴塞爾舊城區不僅有噴泉、教堂和大小廣場，房屋外牆的濕壁畫更是色彩鮮豔，人物生動逼真。大街窄巷充滿濃郁的中世紀風情，韻味十足。舊城區還有一個特點，這裡雖然沒有城牆包圍，不過禁止汽車駛進，交通工具只限電車和單車，所以在此散步非常安全。

Chapter 06

東瑞士大區

位於瑞士東部，由格拉魯斯州、沙夫豪森州、內阿彭策爾州、外阿彭策爾州、聖加侖州、格勞賓登州和圖爾高州等七個州組成。主要語言爲德語，但格勞賓登州爲三語州，除德語外，主要使用羅曼什語，其南部地區則用義語。此區最大城爲聖加侖。

「炫富」的古城：沙夫豪森

瑞士擁有歐洲流量最大的萊茵瀑布（Rhine Falls），它是全長一千三百公里的萊茵河中唯一的瀑布，位於博登湖（Bodensee/Lake Constance）和瑞士第三大城巴塞爾之間。

瀑布區建設得相當完善，有升降電梯從園區入口直達萊茵河，也有階梯可走近瀑布和河邊。沿著階梯設有多個觀景台，高低有序，有些觀景台甚至可伸手觸及奔騰的河水。瀑布高二十三米，寬一百五十米，雖然落差並沒有很大，但平均流量每秒達到七百立方米，水流湍急，磅礴的激流發出轟隆隆震耳欲聾的水聲，不愧是歐洲的「流量明星」。

水流湍急的萊茵瀑布

來自香港的我，早已見慣祖國的激流飛瀑，若與國內的壺口瀑布、黃果樹瀑布相較，萊茵瀑布可說是小巫見大巫，無法比擬了。不過由於這裡的瀑布口並不寬闊，水流從上游急瀉下來，激流沖擊河道中一塊有兩個洞口的大岩石，濺起白色浪花，有種「驚濤拍岸，捲起千堆雪」的氣勢，加上四周景色如畫，雖然我已遊歷多次，也樂此不疲。

瀑布區還有一項特色，這裡提供了四條不同遊河路線的觀光遊艇，其中一條路線最爲刺激，小小的觀光遊艇直衝往瀑布中央的巨岩石碼頭，旅客可登上岩石頂部，直接面對瀑布洶湧的急流。最令人欣賞的是，碼頭和登岩階梯的設計非常周到，不僅安全性不在話下，特別之處在於儘管旁邊就是激流，卻讓大家登岩時不致衣物盡濕。我每次來到這裡，都不會錯過登岩的機會，坐在小艇上，偶爾還能見到掛在飛瀑上的彩虹，令人直呼過癮。

如果前來此地專程只爲一睹這大瀑布的風采，就未免有點可惜，可別錯過順道訪遊瀑布鄰近的沙夫豪森城鎮（Schaffhausen）。

大家或許不太了解這個小鎮，但若提到瑞士名錶中的名牌萬國表（IWC），應該就不會陌生了。萬國錶的發蹟地就在沙夫豪森，當地的鐘錶歷史可以追溯至十五世紀初，而IWC則是於一八六八年就在此建廠製錶，改良了手錶時間的精準度。百多年前建廠時，IWC便是利用萊茵瀑布及周邊的水力進行現代化生產，爲以後的發展奠定了基礎，後來更成爲最早向世界各國海軍供應手錶及航海用計時器的著名廠商之一。如今一提到沙夫豪森的名字，幾乎與IWC劃上了等號。可惜IWC的總部和博物館因疫情關閉，讓我再度緣慳一面。

沙夫豪森城鎮城門

沙夫豪森屬於瑞士北部的德語區，不過居民慣用的是一種叫做阿勒曼尼德語（Alemannic German）的方言。它是中世紀的歷史古城，富甲一方，城內保留著不少傳統的文藝復興建築。城鎮的興起與萊茵瀑布有密切關係，由於湍急的瀑布阻斷了萊茵河上船隻的通行，沙夫豪森便成爲中轉站，貨物在此卸下及轉運，促成了商業活動和城鎮的興盛。小鎮也因此聚居了發蹟的富人，他們爲了炫耀身分地位，把房屋的牆壁塗上各種彩繪濕畫，裝飾得美輪美奐。不僅如此，爲了更進一步「炫富」，甚至將窗台設計成凸出於房屋的外牆上，樣式多端，統稱叫「凸肚窗」。我在其他瑞士城市也曾見過這種凸肚窗的設計，只不過沙夫豪森的數量看起來更多，且外觀更爲華麗。陪同的司機表示，小鎮上共有一百七十一個凸肚窗，據說過去富人們還會爲此舉辦競賽，爭個高低呢！

其中有一棟最爲搶眼的房子，叫做騎士之家（Haus zum Ritter），今日的建築是在一五六六年建好，房子的外牆繪製了滿滿的濕壁畫，是由當地著名藝術家史提默（Tobias Stimmer）在一五六八到一五七〇年之間，花了兩年多的時間所完成的。壁畫的內容多爲希臘、羅馬神話，畫中人物個個栩栩如生，是旅客來到沙夫豪森不容錯過的熱點。不過眼下所見的濕壁畫只是複製品，眞跡已於一九三五年被放到萬聖教會博物館（Museum zu Allerheiligen）保存起來了。

1.外牆充滿濕壁畫，最爲搶眼的房子——「騎士之家」
2.牆壁上各種彩繪濕畫，裝飾得美輪美奐
3. 沙夫豪森常見的「凸肚窗」

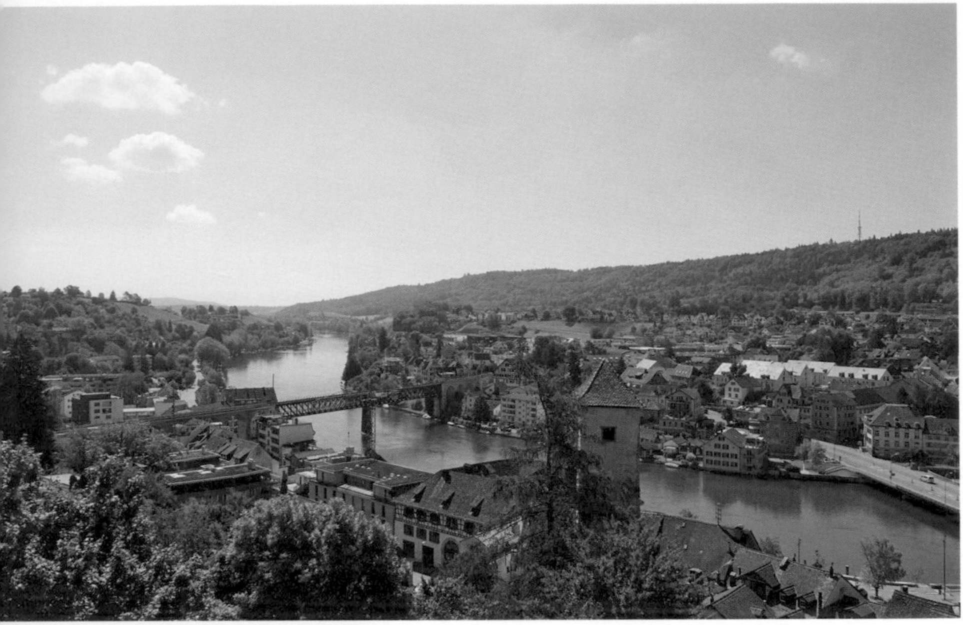

1

1

2

若要欣賞沙夫豪森最美的風光，司機向我建議，首選是城鎮東面的米諾古堡（Munot）。這是一座建於十六世紀，已有四百多年歷史的圓型城堡，算是城鎮的標誌建築。「欲窮千里目」，我決定登上城堡高處，俯瞰整個城鎮。經過一番努力，我終於登上超過百階的陡斜梯級，

1.從米諾城堡俯瞰全城
2.城堡外觀及兩旁的葡萄園

這天遊人非常稀少，我邊走邊欣賞兩旁翠綠的葡萄園，以及沿途的小鎮風光。

古堡內部具有古樸及厚重感，由九根巨型石柱支撐著第一層的拱頂。我沿著旋轉階梯向上攀爬，最終登上堡頂露台，視野寬廣，可一覽全城，眼前盡是一幢幢紅色屋頂的房子。這裡有個歷史傳統，每當晚上九時，古堡上的米諾鐘（Munot Bell）鐘聲準時響起，傳遍全城，提醒城門即將關閉。

當我的車子駛過萊茵河對岸的福伊爾塔倫小鎮（Feuerthalen）時，回望米諾古堡，只見它盤據山丘上面，兩旁是圍牆，中間三角山坡地帶是層層綠油油的葡萄園，下方則是碧藍的萊茵河。如此童話式的景象，真讓我戀戀不捨，難以忘懷。

城堡露臺

萊茵河畔的寶石：施泰因

萊茵河畔的瑞士小鎮相當多，而公認最美的當然是施泰因（Stein am Rhein），它位於博登湖與萊茵河交匯處，被稱爲「萊茵河畔的寶石」。我離開了愛「炫富」的沙夫豪森後，下一站就來到「寶石」小鎮。

小鎮歷史最早可以追溯到一千多年前的羅馬時代，不過直至中世紀，才從本篤會的修道院逐漸發展起來。走過一座橋，就來到鎮上的老城區，也是訪遊施泰因的重點。這兒只有一條主要幹道，面積不大，卻被公認爲「瑞士中世紀氣氛最濃的小鎮」。

我從市政廳廣場開始，漫步在古街道上，彷彿穿越千年，來到了中世紀的歐洲。

1.老城一隅的噴泉
2.逾百年歷史的德式木筋屋

1.同樣繪有濕壁畫的市政廳後方與民居相連
2.城內到處充滿精美的「濕壁畫」

中央有座精緻的噴泉，豎立一根柱子，上有塗繪鮮豔色彩的塑像，異常搶眼。小鎮同樣屬於瑞士的德語區，受到日耳曼文化的影響，德式木筋屋（half-timbered house，或譯爲木桁架建築）與沙夫豪森的並無兩樣。這些逾百年歷史的半磚半木樓民居保存得相當完好，每棟房屋的外牆幾乎都繪上精美的壁畫，這可不是普通的牆上繪畫，而是「濕壁畫」（Fresco）。所謂濕壁畫，又稱「鮮畫」，是在濕潤狀態、還沒有完全凝固的灰泥上繪畫，天然的顏料滲入帶水的表層，灰泥在風乾的過程中將顏色鎖住，使得色彩和牆壁最終融爲一體。這種技術使圖畫保持色彩，歷久彌新，且效果特別，更加富有層次，同時具有不易剝落和龜裂的優點。這些數百年歷史的壁畫華麗精美，直至今日，仍完好得彷彿才剛畫好。

許多建築的壁畫描繪宗教或歷史的人物或故事，有各自的名字和意義，例如「皇冠之家」、「鹿之家」、「紅牛之家」等，其中最吸引目光的是阿德酒店（Hotel Adler，或譯爲白鷹酒店）牆上有著全鎮最古老的壁畫，繪於一五二〇到一五三〇年間的文藝復興時期。這些壁畫一氣呵成畫在牆上，一幅連著一幅，一牆連著一牆，一座建築連著一座建築，一個時代連著一個時代，仿如走進一間濕壁畫的露天博物館，也好似穿過了時光隧道。

除了精美無比的濕壁畫外，施泰因的建築還有浮雕和凸肚窗的裝飾，很多房屋前面也高懸著鐵藝標牌，標牌的設計極具藝術感，讓人一看就能猜到屋主人經營的商業項目，非常有意思。

老城區的街道鋪著鵝卵石，我不得不打起精神慢慢走，以免跌倒，不過也享受著這種古老氛圍的樂趣。

阿德酒店

1.施泰因也可見到不少凸肚窗
2.修道院一隅

老城之外的建築群則較為純樸簡單，與城內的色彩繽紛截然不同，彷彿來到另一個世界。河邊有間非常古老的聖格奧爾根修道院（Kloster St. Georgen，或譯為聖喬治修道院），是保存最為完善的瑞士中世紀修道院，現已改為博物館，可惜我兩度來到小鎮時，都因疫情而閉館。

門上有聖喬治屠龍的浮雕

1.連下水道蓋都有聖喬治屠龍的圖案
2.萊茵河畔的風景，讓人感到愜意放鬆
3.塔上有龍的雕塑

小鎮北邊的山頂有座赫恩科林根城堡（Hohenklingen Castle），也是小城的標誌性建築，它由哲林根公爵所建，自一二二五年就已矗立在施泰因高地之上，由於地勢較小鎮高了兩百多米，是非常理想的觀景處，自高處俯瞰波光粼粼、靜靜流淌的萊茵河，如一條玉帶般鑲嵌在山林間。

我穿梭在可愛的古城區，樂而忘返，一不留神就到了午餐時間。我貪看萊茵河兩岸的風景，刻意留在河畔酒店用餐。一邊品嘗萊茵河的河鮮，一邊看著河上穿梭往來的船隻，心情舒暢極了。在訪遊的眾多瑞士中世紀古鎮中，我認爲這裡是最美、最精緻的一座。難怪即便面對嚴峻疫情，依然吸引大批旅遊人士來訪。

天上有行雲，人在行雲裡：達沃斯、克洛斯特斯

瑞士被公認爲「世界花園」，隨便一個角落拍出的照片，就像是一張風景明信片。無論雪峰、湖泊、森林，抑或山間的小村落，一切都是「好水好山看不足」。相較於繁華的都市，我反而認爲那些大大小小的鄉間城鎮才是瑞士的精華所在。有些小鎮名聲大噪、享譽國際，是旅遊的熱點，有些則默默無聞、獨自美麗。既然我要在這個地方待上一段時間，「其隙也，則施施而行，漫漫而遊。」努力做到「無遠不到」。

提到達沃斯（Davos，或譯爲達佛斯），大家首先想到的當然是那個著名的世界經濟論

舉辦達沃斯論壇的會議中心

壇，因在瑞士達沃斯首次舉辦，又被稱爲「達沃斯論壇」，至二〇二〇年已屆五十載了。每年的一月，各國政要、商界巨頭、科技、金融和媒體代表都雲集在這裡，商討和發表一些世界經濟所共同關注的話題。

其實達沃斯小鎮本身也值得關注，它位於瑞士東南部，靠近奧地利邊境，坐落在一條長十七公里的山谷裡，屬於阿爾卑斯山系中海拔最高的小鎮，有一千五百六十米高。

1.俯瞰克洛斯特斯小鎮
2.有金蛋之稱的達沃斯星級酒店在當地顯得有點突兀

這裡的地形崎嶇、雪峰綿延，造就了歐洲最大的高山滑雪場。由於空氣十分清新，過去曾經是著名的肺結核療養地，獲得諾貝爾文學獎的德國作家湯瑪斯・曼所寫的《魔山》（Der Zauberberg）就是以達沃斯肺結核療養院爲背景。

我來時正處夏季，雪場並沒有冰雪覆蓋，卻依然壯美。不過我本身並非滑雪愛好者，因而放棄走訪滑雪的場地。兼之疫情關係，很多公眾地方依舊關閉，我只在「達沃斯論壇」入口處探頭觀望，就結束了小鎮之行。

距離達沃斯十幾公里處有一個克洛斯特斯小鎮（Klosters），海拔將近一千兩百米高，同樣是著名的滑雪勝地之一，且因爲英國王室查理斯王子（臺灣譯爲查爾斯王子）的頻頻光顧而聲名遠播。

相較達沃斯，克洛斯特斯顯得更爲祥和靜謐，這裡擁有天然的郊野景觀，夏季時節，放眼望去，山間是青蔥蒼翠的綠地。遊覽此地，可以選擇徒步或自行車，穿梭在岩石小徑或是林間小道，或者也可以像我一樣駐足片刻，享受這純粹的田園風光就足矣。

克洛斯特斯小鎮一隅

醉人的香檳氣候：聖莫里茲

瑞士有一個憑藉其獨一無二氣候而聞名的小鎮——聖莫里茲（St. Moritz），這是個海拔1,856米高的山城，位於阿爾卑斯的恩嘎丁（Engadin）山谷，聖莫里茲湖畔。

小鎮一年裡有三百二十天以上都是陽光普照的好天氣，乾燥的空氣加上閃耀的陽光，使得小鎮終年包裹在純淨舒爽的氣息中，被瑞士人稱之爲「香檳氣候」（Champagne climate）。不僅有壯麗的阿爾卑斯群峰、蒼翠的青松，還有湛藍如洗的天空、澄澈的湖水，「山川之美，使人應接不暇」。然而，當我來到的這日，居然遇上了陰沉沉、灰濛濛的天氣，藍天只偶爾才露臉，當地難得的天氣都讓我遇上，究竟該說是運氣好、還是運氣不好？

聖莫里茲位於聖莫里茲湖畔

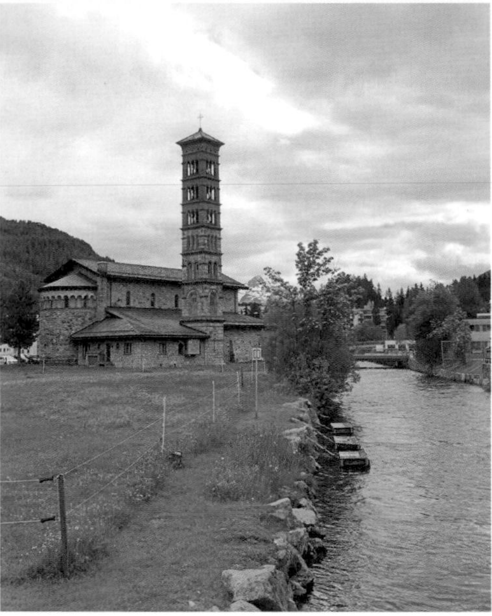

1.街上的裝置藝術
2.小鎮隨處一間商店也顯得
 小巧而優雅
3.斜塔，爲聖莫里茲的地標

早在三千年前，聖莫里茲就發現了溫泉，並成爲歐洲王室貴族及富豪們的避暑度假勝地，星級酒店林立。小鎮還是名副其實的冰雪之城，得天獨厚的地理環境讓這座小鎮曾舉辦兩屆冬季奧運會。這兒有各式各樣的冰雪運動和夏季戶外運動，運動已成爲日常生活的一部分，無論男女老少。

小鎮裡有一座斜塔（Schiefer Turm），是十九世紀倒塌的古羅馬教堂的一部分，塔高三十三米，傾斜五點五度，是聖莫里茲的地標，也見證著聖莫里茲的歷史變遷。

聖莫里茲還有一間因瑞士作家約翰納．施麗（Johanna Spyri）筆下小說《海蒂》而聞名的「海蒂小屋」（Heidi Hut）。這部於一百四十年前出版的小說描述小女孩海蒂與祖父的故事，是著名的兒童文學，曾被翻拍成眾多影視作品，聖莫里茲的海蒂小屋便是一九五二年電影拍攝時所建造的小木屋，從小鎮沿著山路前行，就可以到達。但我來到時，遺憾錯過了登山時間。也罷，就留待下次再帶上我可愛的小外孫Amory，讓我爺孫倆一同感受阿爾卑斯山的無敵湖光山色。

1
2
1.建築上的裝置藝術
2.街上的噴水池

華美的修道院與圖書館：聖加侖

二〇二二年，隨著陣陣春風吹起，我再次踏上了春遊瑞士的旅程。

此刻的瑞士，緊跟著其他歐洲國家的腳步，全面廢除了實施兩年多的新冠肺炎防疫規定，讓我得以無拘無束地重返瑞士。聖加侖（St. Gallen）對我而言並不陌生，這裡曾經是紡織業的重要城市，我過去在銀行工作時，此處與基亞索和盧加諾等瑞士城市一樣，與香港有頻繁的商貿往來。不過，之所以讓旅遊人士趨之若鶩、接踵而來的，是因爲城內擁有一座名列世界文化遺產的聖加侖修道院（St. Gallen Abbey）及其圖書館（Abbey's Library）。對這家圖書館的收藏品，我很久以前便已心嚮往之。

從山丘上俯瞰聖加侖

小鎮一樣有精緻的濕壁畫和凸肚窗設計

小城鄰近蘇黎世，同屬德語區，是聖加侖州的首府，一條施泰納赫河（Steinach）穿越其中，河水最後匯入位於瑞、德、奧三國交界的博登湖。我在二〇二〇年時就已暢遊過博登湖一帶，此次過湖不入，直奔聖加侖。

今天的聖加侖擺脫過去以紡織工業爲主要產業，已轉型爲旅遊服務業，一九八三年城裡的修道院被收入世界文化遺產行列，更加使當地旅遊業乘時而起，帶動了全城的經濟。

我來到聖加侖已是下午時分，入城旅客不多，我聽陪遊的司機說，這座城市有一個特點，狹窄的石板路四通八達，兩側房屋都有凸肚窗的設計，與我先前訪遊過的施泰因和沙夫豪森的凸肚窗相比，可是說不遑多讓，同樣精彩萬分。

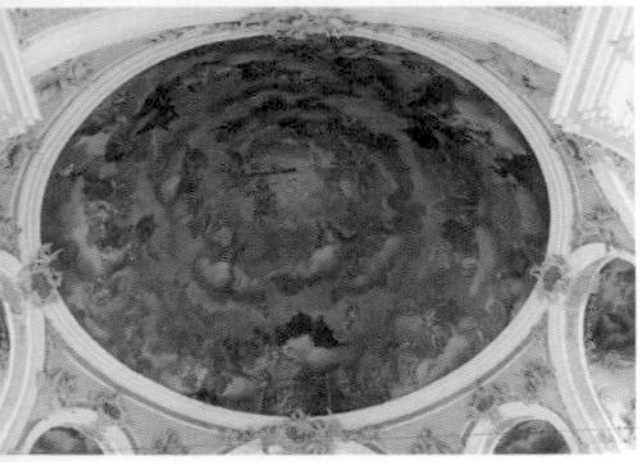

.教堂內美輪美奐的彩繪和雕飾
.主教座堂外觀

爲了搶在圖書館關館前入內參觀，我並未在市區停留太多時間，直接趕赴全城的代表性建築——聖加侖修道院。屬於修道院一部分的聖加侖主教座堂（Stiftskirche St. Gallus und Otmar）是外觀宏偉的巴洛克風格建築，醒目的雙塔高聳入雲，儼然成爲城市的地標。雙塔前方爲一片廣場與草坪，廣場的三面都環繞著與修道院有關的建築。

一踏入教堂，我不禁爲之讚歎。不僅四面充滿無數的繪畫，更讓我吃驚是天花板上更是被壁畫彩繪所占滿，加之繁複的雕刻裝飾，幾乎找不到一絲空隙。既有教堂莊嚴的一面，又充滿文化藝術的氣息。憑我遍遊瑞士的經驗與印象，這兒要算是最宏偉、最漂亮的一處了。我佇足於教堂內，欣賞各種美侖美奐的彩繪和雕飾。聖加侖自公元七世紀建城，它的歷史和發展與宗教脫離不了關係，以公元七世紀的修道院爲基礎，並於八世紀成立的聖加侖修道院亦見證了該城的歷史興衰。

繼後便是我此趟的重點行程——參觀譽滿全球的修道院圖書館。幸好此時並不是旅遊旺季，且受限於疫情，遊人不多，我才可以輕鬆入內參觀。這座中世紀的修道院圖書館約有十七萬冊的藏書，其中數百本甚至有千年的歷史，多數爲宗教類的書籍，但也有涉獵許多方面的藏書，例如醫學、科學、藝術等等。

進入圖書館時，必須穿上護鞋墊，以免傷害裡面的古老木地板。我甫踏進一樓的藏書大廳，心靈就已受到撼動。這哪裡是圖書館，分明是一座精美絕倫的文化藝術館！與教堂相似的天花板裝飾與繪畫，複雜且細緻華麗。大廳四壁盡是整齊的藏書，總共有兩層，爲免參觀人士觸摸，圖書櫃都圍上欄柵，第二層也禁止進入；大堂中間一座活動式的地球儀，除了地圖外，還繪有各地的代表動物等，非常精緻；中島櫃則是珍貴的古籍藏書。

我不久前才剛參觀過義大利都靈（或譯爲杜林）的埃及博物館，見到不少館內收藏的木乃伊，而讓我驚訝的是在聖加侖修道院圖書館內，竟然也有一具埃及木乃伊，連同保存得相當完好的棺木。這具木乃伊的歷史可追溯到公元前六百多年，據館內人員表示，這是瑞士境內唯一的埃及木乃伊，是相當罕見的珍品。

我參觀一樓大廳之後，轉而前往地窖。地窖也是圖書館的一部分，是有關聖加侖建城和宗教的演變歷史，藏書更爲珍貴，大多爲手抄本，因而存放在眞空櫃內，以免日久褪色。另外還有一些古羅馬時代的石柱、柱頭等等歷史文物，讓人大開眼界，歎爲觀止。這趟修道院與圖書館實在是不虛此行，也推薦大家若有機會的話，將聖加侖排入瑞士的旅遊行程內。

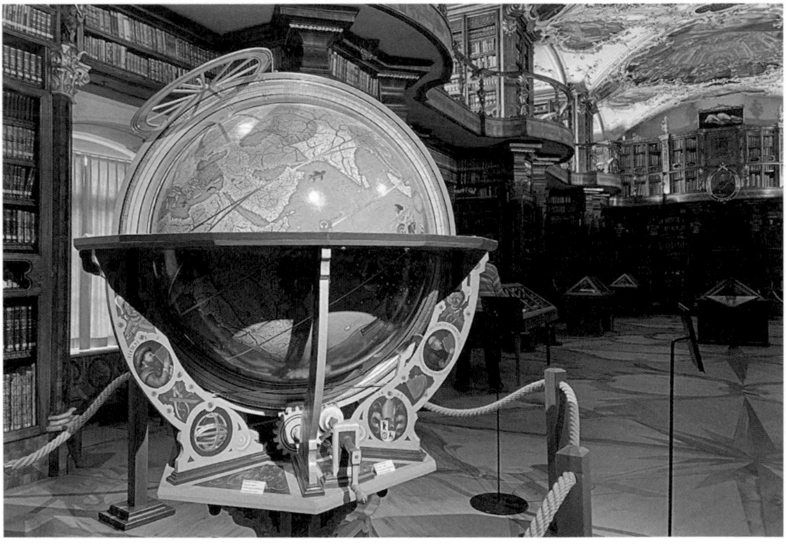

圖書館大堂中央有座精緻的活動式地球儀

大教堂後面有一小山丘高地，我發覺這處居高臨下，是取景的最佳位置，於是決定步行上去拍照，爲這趟行程留影。小城範圍不大，我順著四通八達的石板路繞舊城一周後，就匆匆結束了小城的半天遊，伴著晚霞返回日內瓦。

圖書館如一座精美絕倫的文化藝術館

Chapter 07 中瑞士大區

位於瑞士中部，由琉森州、烏里州、舒維茲州、上瓦爾登州、下瓦爾登州和楚格州等六個聯邦州組成，除了楚格州外，其餘都屬於森林州，也就是在琉森湖周邊、瑞士高原的森林地帶。主要語言爲德語。此區的最大城是琉森。

悲傷的獅子：琉森

人們常說，來到瑞士的琉森湖，一定要坐船遊湖，這是必要節目之一，因其風景多樣，乘船遊湖是體驗瀲灩湖光山色的絕佳選擇。不可否認，當觀光船駛進湖區的峽灣與山巒間，兩側的村落小鎮從身後慢慢遠離，視野由窄漸寬，似乎能夠體會到「人在舟中便是仙」的心境。

我已到過琉森（Luzern，又譯做盧賽恩）很多次了，這裡是瑞士旅遊最熱門的地點之一，旅客衆多，商業味甚濃。我每次大都留宿在湖邊酒店，這次決定來個改變，選擇位於高處的洪恩格別墅酒店（Honegg Villa Hotel）留宿。聽說這酒店非比尋常，

琉森湖畔

琉森湖畔，兩座尖塔爲霍夫教堂

是度假休閒人士最喜愛的山上酒店。故此我不惜工本，特請臺灣亨強旅行社的陳總安排，替我訂下兩晚的住宿。這間奢華的五星級酒店房價甚貴，此時卻因疫情讓房價比平常低了50%，讓我正好撿到便宜！

1.日出琉森湖
2.從酒店看出去的美景，從早到晚都不讓人失望

酒店位置極佳，建於布爾根施托克山（Mount Burgenstock）的山坡上，俯視整座琉森湖。內部除了一般酒店的基本設施外，最有特色是一個露天的恒溫無邊際泳池，懸在山坡上。抬頭仰望，四面是翠綠青山，往下俯瞰，是靜謐的琉森湖面，而青山就倒影在清澈的湖上。

我當即換上泳裝，躍進泳池，享受那種無拘無束的悠遊自在。這一天，若想拍攝「湖天一色」的照片，非常容易，因爲整座泳池僅我一人而已，隨意擺好姿勢，就可以留下美好的回憶。

1.在泳池裡欣賞琉森湖上的日出美景
2.從飯店俯瞰琉森湖
3.泳池的女孩對著日出美景拍照

世界上存在著各式各樣的雕像或紀念碑，各自有其象徵與意義，許多都帶有一段榮哀兼備的故事。隨著時間流逝，後人對這些故事內容或許變得印象模糊，甚至已然遺忘，而紀念碑恰恰能喚起我們的回憶，這就是其意義所在。

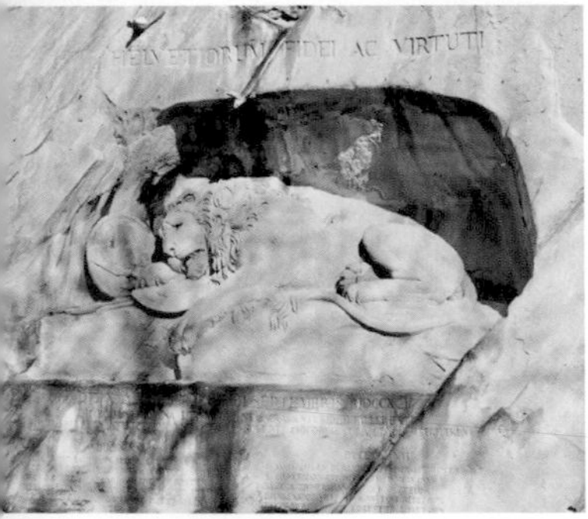

1

2

2

1.無邊際泳池與遠方的山巒彷彿結合為一體
2.獅子紀念碑，是一尊在整塊天然崖壁上雕鑿的石像

1.卡佩爾廊橋的山形壁畫是有關琉森的歷史，部分在1993年的火災中損毀
2.羅伊斯河上的卡佩爾廊橋和八角形水塔

琉森市內有一座獅子紀念碑（Löwendenkmal/Lion Monument），是一尊在整塊天然崖壁上雕鑿的石像，作者是丹麥雕刻家特爾巴爾森（Bertel Thorvaldsen）。雕塑的內容是一頭瀕死的雄獅匍匐在地，後背上插著一支折斷的長矛，深入背脊，前爪無力地垂著，前爪兩旁還有兩面破裂的盾牌，刻著瑞士的十字星國徽和代表法國王室的鳶尾花。雄獅欲再戰而力有不逮的悲壯表情刻畫得栩栩如生，即使不瞭解獅子背後的故事，光憑視覺畫面，也給人強烈的藝術感染力，難怪被美國文學巨匠馬克·吐溫（Mark Twain）稱之爲「世界上最哀傷、最感人的石雕」（The most mournful and moving piece of stone in the world）。

2010年旅遊琉森所拍的卡佩爾廊橋，每到夏天橋身會栽滿了花

獅子紀念碑是爲了紀念一七九二年法國大革命期間，瑞士僱傭兵爲護衛法國國王路易十六家族的安全，將近八百名瑞士近衛隊英勇犧牲。雕像的最上方有一行拉丁語銘文：「獻給瑞士的忠誠和勇氣」，最下方則銘刻著事件發生的時間、所有軍官的姓名以及兩個羅馬數字：表示死亡人數和倖存人數，而實際上倖存的三百多人中的大多數在事後也遭到了法國人的處決，最終只有一百多人回到家鄉。如此悲傷的獅子故事，是籠罩在瑞士天堂之國上方的陰影。儘管瑞士今天作爲世界金融中心，瑞士軍人依舊繼續秉持「拿人錢財替人消災」的僱傭兵理念，現在還擔當著羅馬梵蒂崗的保衛力量。

獅子紀念碑臥於冰河花園（Gletschergarten）內，同樣也因疫情而關閉。不遠處則是擁有兩座尖塔的霍夫教堂（Hofkirche），同樣是該城的地標之一。尖塔是典型哥特式設計，然而夾在中間的教堂卻是文藝復興式建築，原來教堂曾遭遇祝融，重建之後，就呈現兩種不同的建築風格。

琉森最讓旅客惦記的是一條跨越羅伊斯河的卡佩爾廊橋（Kapellbrücke），又譯爲教堂橋，橋長兩百多米，斜頂覆蓋了黃色瓦片。一九九三年時，因火災而損毀了超過一半的橋身，所幸現在外部都已修補完整，唯有部分廊橋上的山形壁畫已無法補回，實是非常遺憾！

建於一三三三年的卡佩爾廊橋是歐洲現存最古老的木橋，也是該城市的地標建築。往日橋上橋下都被紛至沓來的遊客擠滿，很難看到這座古橋的全

斯普洛耶橋上

貌。受到疫情的打擊，如今顯得格外冷清，橋下的天鵝可能因爲無人投餵，都已尋不到蹤影了，僅留下幾隻野鴨還在湖上覓食，昔日繁花似錦的橋身也變得有些「光禿」無趣，只有橋中間的八角水塔依然如故，我也安然地從不同角度拍攝古廊橋的姿彩。我已到過琉森這座城市多次，可是總因遊客衆多而失去在古城遊覽的興致，這次旅客散盡，讓我得以悠然探索。

因爲沒有外地旅客，周邊的商店和餐廳也按政府規定暫停營業，情況比二〇二〇年疫情在全球肆虐之初還更糟糕，少有幾家還在營業的餐廳只能提供外賣服務，午餐時分，上班族只能席地而坐，在湖邊或是街頭巷尾吃著簡單的便當，此情此景，眞令人心酸和無奈。

我走過卡佩爾廊橋，繼續沿著湖邊往前走，眼前又是一座木廊橋，不過論知名度，遠遠比不上它的鄰居。這座全長僅八十米左右的古老木廊橋叫斯普洛耶橋（Spreuerbrücke），於一四〇八年建成，也是城市防禦工事的一部分。因當時的磨坊主經常在這裡把穀糠倒進河裡，當地人也稱之爲「穀糠橋」；另有一說是古時這裡爲販買糧食的必經之路。

橋簷下有六十七幅山形木板彩畫，描述的是當年流行於歐洲的黑死病，畫中人物無論男女老幼、身分地位，都無法避免死神的降臨，畫中的骷髏造型令人不寒而慄。聯想起今日橫行的新冠疫情，相距數百年後，竟又來一次歷史重演，叫人恐懼又唏噓，證明「陽光之下沒有新鮮事」（There is nothing new under the sun.）。廊橋中央有一座凸出的小教堂塔

樓，教堂面積狹小，只容得下一位牧師和教徒，我猜測，這應是世界上最小的教堂了。

這座橋還具有水利功能，利用水柵的提起或降下，發揮調節和疏導琉森湖水位的功能，很是獨特。斯普洛耶橋規模不大，在鄰居卡佩爾廊橋的盛名下很容易失之交臂，但它做工之精緻，以及有關黑死病的繪畫，在我看來，兩橋其實不相伯仲。

各式各樣的山形木板彩畫

1.斯普洛耶橋與水利設施，右上方爲穆塞格城牆
的一部分
2.水利設施
3.琉森車站前，舊琉森車站的遺跡

因疫情只能在路邊用餐的當地居民

通過斯普洛耶橋，走向北岸，左前方就是前往穆塞格城牆（Museggmauer）的路，這是一條非常典型的瑞士居民街，環境相當乾淨。這條路的地勢是一路上坡，走起來有些費勁，走在途中，已經能看到一段段的城牆了。穆塞格城牆是一條保存非常完好的古城牆，距今已有六百多年的歷史，城牆本身並不高，但得益於地勢高的優勢，站在牆頂可以將琉森的老城風光盡收眼底。城牆還有設有瞭望塔，而最大的是鐘樓，上面安置一五三五年建的機械鐘，爲城中最古老的大鐘，享有比城裡其他大鐘提前一分鐘報時的特權。這裡的

左方圓形塔樓叫Nölliturm，是穆塞格城牆的一部分，後面可見到城牆與另一座塔樓

視野開闊，非常值得一遊。

琉森是個文化古城，無論是城牆、古堡、教堂、古水利工程，或是那隻悲傷的獅子，都值得花時間仔細看看。然而如今城內大小酒店、賓館無一倖免，都被迫掛上「免戰牌」；遊湖觀光渡輪停駛；包括湖畔一家著名的寶齊萊本店（Bucherer）都關門歇業，過去店外必定停滿載送中國旅客的觀光巴士，店內外也總是擠滿購買瑞士名錶的顧客，此情此景，不知何時才能再見。

玫瑰小鎮：威吉斯

在瑞士的中部，瑞吉山（Mt. Rigi）下，琉森湖畔，坐落著一個「玫瑰小鎮」威吉斯（Weggis）。馬克·吐溫曾定居於此，是他一生鍾情之地，形容這裡爲「世界上最美的地方」。

瑞士人熱愛園藝，幾乎各處都可以看到裝飾了美麗花卉的窗台、後院。而威吉斯人更將園藝發揮到極致，不僅屋前屋後、街道兩旁、橋邊湖畔，各個角落都有爭妍鬥豔的花朵，種類繁多，不過以玫瑰、薔薇爲大宗。我來的時間早了點，否則每年七月初，這裡的居民會在玫瑰盛放的日子來舉辦玫瑰節及相關活動，其中一項重頭戲就是玫瑰皇后（Rose Queen）的選舉，想必是人比花嬌。

琉森湖畔

小鎮的面積實在是不大，卻讓我流連不捨。我經過往返對岸琉森的木碼頭，又沿著琉森湖畔走走停停，偶爾坐在湖邊樹下的椅子，休歇一會兒，呼吸的是彷彿能洗滌身心的清新空氣，耳邊則是林裡傳來的鳥鳴聲，眼前還有連綿不絕的雪山倒映在湖中，簡直是各種感官的盛宴。

我繼續行至半山處，俯瞰小鎮，這時可以清楚看見民房之間夾雜了幾座傳統的尖塔教堂，難怪有時會聽見鐘聲傳來。相較於湖對岸的琉森，這裡少了商業味，保持著難能可貴的樸實氣息。

瑞士人熱愛園藝，到處都可見各式各樣美麗花卉

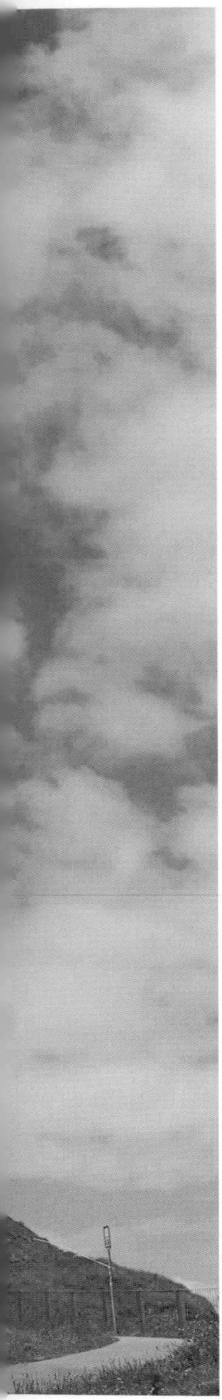

1.搭齒軌列車前往瑞吉山頂途中的景色
2.發射塔是瑞吉山的最高點
3.紅色列車通往菲茨瑙，藍色列車通往楚格湖畔的阿爾特-戈爾道

接著我搭上以威吉斯爲起點的登山纜車，然後再轉齒軌列車。這條從菲茨瑙（Virznau）出發的齒軌鐵路是歐洲第一條登山鐵道，建於一八七一年。此山算不得高，只不過海拔一千八百米高。一八六四年，因英國維多利亞女皇到此一遊後贈予「山巒皇后」（The Queen of the Mountains）的美稱，自此名氣大增。傳說馬克·吐溫當年也不惜花上三天時間，徒步走到山頂，可見其魅力之大。不僅如此，很多文化名人包括韋伯、孟德爾頌、雨果等都曾到訪過。我站在「三百六十度瞭望台」，放眼望去，視野無比開闊，阿爾卑斯山、琉森湖峽灣乃至整個瑞士中部的山下風光盡收眼底，美到令人詞窮！

「好水好山看不足」，面對美景，什麼國際匯市、期貨原油等混沌時局，早已置諸腦後了。

1
2

1.琉森湖畔屈斯納赫特
2.壯觀的楚格湖

天使之鄉與瑞士最富有城市：英格堡、楚格

遊歷了多個瑞士小鎮，每個都浪漫得讓人窒息，有波光瀲灩的湖泊，也不乏色彩鮮豔如童話故事中的村落。儘管這些小鎮看似相仿，事實上每個都獨一無二。如非身臨其境，大概也只能體會其魅力之一二。

英格堡

這一天，我來到琉森的「天使之鄉」英格堡（Engelberg），Engelberg其實是德文的天使（Engel）和山峰（Berg）兩字的組合。它源自一個傳說：天主教本篤會的修士追循者天使的聲音，輾轉來到阿爾卑斯山腳下的山谷之地，並建立修道院。小鎮就是以修道院爲中心發展起來的，如今修士們依然在修道院裡生活及工作。

小鎮面向鐵力士山（Mt. Titus），歷經近千年的歷史，本是一個與世無爭的世外桃源，據說英國女皇曾經到此一遊，又小住了一段時光，才使英格堡聲名鵲起，並帶動旅遊業的發展。度假旅館、酒店設立，如今已成爲瑞士十大度假勝地之一。

1
2

1.英格堡歡迎標語
2.英格堡小鎮一隅

1 2

1.湖水湛藍的尤格尼湖
2.莊嚴肅穆的修道院，
是鎮內的標誌建築

在小鎮的歷史中，曾有很長一段時間受教會管治，直到十八世紀後才加入瑞士聯邦，因此仍保留著濃厚的宗教色彩，十字架隨處可見。莊嚴肅穆的修道院是鎮內的標誌建築，裡面保留了許多十八世紀的裝飾，非常華美。教堂裡還有一座據說是瑞士境內最大的管風琴，在每年的夏季琉森音樂節都派上用場。

小鎮的街道乾淨雅緻，鱗次櫛比的房屋是典型的日耳曼風格。如今鎮內的常駐人口約有四千，人民生活悠然自得，各適其適。有些人坐在露天咖啡廳聊天，有的在街頭巷弄裡蹓躂。為了我們公司今年才開設的「1號月台」youtube頻道，我邊拍攝一邊實地錄音，然而這裡太過寧靜，一點兒輕微的聲浪也引起村民的頻頻回首關注，讓我錄製時稍感不太自在。

小鎮旁還有一座尤格尼湖（Eugenisee），遠處高峰入雲，眼前山坡翠綠，湖水湛藍，我不由得想到近代詩人吳邁的「群峰倒影山浮水，無水無山不入神」，雖是描寫桂林山水，但此時此景，絲毫不輸陽朔。

鐵力士山是瑞士中部的最高峰，冰川終年不融化，更以冰川裂縫聞名於世，還有世界上首台三百六十度旋轉的纜車和歐洲海拔最高的懸索橋。我雖然到過這裡多遍，不同的是這次是在疫情影響下，不見往日旅客擁擠排隊登山的場面。我坐上纜車，從海拔1,050米的英格堡直達3,020米的瞭望台，全程約四十分鐘，沿途甚至需要更換三種不同的纜車。這天雲海環繞著高峰，我坐在登山車廂裡穿雲海而過，如臨仙境，有騰雲駕霧的感覺。我把拍下的照片傳至朋友圈跟大家分享，立刻獲得不少點讚，或許這般美景能一解他們鬱悶的心情吧！

楚格

瑞士這個國家百年來未經歷過戰爭，人民生活富裕，人均收入至今仍名列世界首位。那富中之富又該是什麼樣子呢？楚格（Zug）就是這樣一個小鎮，這裡是整個瑞士境內稅率最低的地方，避重稅的天堂，吸引世界各地的能源巨頭和商業大亨的企業來此入駐，頻繁的商業活動，使這裡人均收入超過十五萬美元，楚格也成爲瑞士最富有的城市。

楚格和許多瑞士小鎮一樣，被群山所環抱，老城區在楚格湖（Lake Zug）邊依山而建，保存得非常完整，無論街道格局、民居建築或教堂都是自中世紀時期保存下來的。老城有座建於十三世紀的鐘塔，經過長期的增建和裝飾，直到十六世紀巨大時鐘的完成，終於成爲我們今日見到的樣子。

建於十三世紀的鐘塔

楚格位於楚格湖畔

說到楚格湖，要特別提到一個「湖景」（Seesicht）步入式裝置藝術，這項裝置從湖岸延伸到湖下，在湖岸的位置有一道門，進入之後可以沿樓梯直達湖底，與湖中游魚對話。這個裝置是瑞士藝術家Roman Signer創作的，於二〇一五年爲紀念楚格美術館成立二十五周年而建造，並計畫在鎭內放置十年。我認爲是個非參觀不可的景點，然而疫情之下目前暫時關閉，又不得其門而入，只好待疫情過後，再去碰碰運氣。

當我與路過的居民閒話家常時，言談間感覺他們自豪的地方並非住在瑞士最富裕的地區，而是觸手可及的大自

1.老城廣場
2.小鎮一隅的牆上塗鴉

然，既可隨意與草木爲伍，又可跟雪山碧湖作伴，再滿意不過了。

青山重重如畫中：弗呂埃倫、安德瑪特和聖哥達山口

瑞士素以「千湖之國」見稱，亦是阿爾卑斯山脈中的「山國」，單靠遊湖眷戀「湖光」而忽略「山色」，是不能全面認識這個國家的，我因此特別請臺灣亨強旅行社的陳總爲我設計一條山間行的行程，那怕是走馬看花，也能領略到山中樂趣，享受瑞士的另一番景色。

這天太陽尚未昇起，眼前的景物仍然被縹緲晨霧籠罩著，爲了趕上琉森碼頭的第一班渡輪，我從日內瓦驅車出發，直奔約車程一個小時的琉森，儘管路上雲霧迷濛的景色很美，我卻無暇欣賞。這天剛好是周日，公路交通暢順，我們準時抵達碼頭，搭乘渡輪穿越琉森湖。

此刻一片「白霧漫空白浪深，舟如竹葉信浮沉」煙霧迷離的感覺，湖上景色實在令人陶醉。經過兩個多小時的湖上行舟，到了彼岸一個叫弗呂埃倫的小鎮（Flüelen），準備接轉威廉．泰爾快車（Wilhelm Tell Express）。然而未知何故，這班列車竟被取消，讓我原本計畫好的水陸行程頓時落空。幸好司機十分機靈，即時捨火車而改用汽車。在安排交通工具的同時，我利用空隙時間，速遊這個依山傍湖的小鎮。小鎮面積非常小，同樣擁有波光瀲灩的山光水色，湛藍如鏡的湖面，倒映小鎮後方雄偉陡峻的雪峰。火車站冷冷清清，部分乘客依然耐心地等候下一班列車。

弗呂埃倫小鎮景色

安德瑪特小鎮景色

司機爲了讓我順利完成這段「山間行」旅程，於是改由盤山的公路出發，車子繞山而上，開始往海拔高處行去。沿著有直有彎、曲曲折折、起伏不定的盤山路，兩側的松林灌木，崇山峻嶺，流水溪澗和教堂村莊，統統甩在背後。山上愈加人煙稀少，雲霧繚繞。一路上的景色有時平淡無奇，有時則高潮迭起，司機還不時停下車來讓我取景拍照。

我們越過一道道山坳，隔著山谷，遙望對面像齒牙般的少女峰，正是「青山不盡一重重，重重如畫中。石根流水玉玲瓏，高低處處通。山向北，路回東，馬前三兩峰，峰頭更覺翠煙濃，煙

安德瑪特小鎮一隅

中無數松。」（元・劉敏中《阮郎歸・奉使由平灤之惠州山行》）此時的我，心境猶如野鶴閒雲，什麼異變中的新冠肺炎，全都放諸腦後了。

我們此行的路線是穿越安德瑪特（Andermatt），經過艾羅洛（Airolo），越過聖哥達山隘口（Passo del St. Gottardo/St. Gotthard Pass）。

對於這段路程唯一的感覺是：「美，一直在路上！」我不欲錯過路上各種多姿多彩的美麗景緻，行行重行行，費了三個多小時，才終於抵達安德瑪特小鎮，車輛也必須停下來加油。歐洲訂有司機駕駛與休息時間的行車規定，如今我的司機已駕駛三個小時，加上我們走的是曲折的山路，他得集中精神，所以更該好好休息。

安德瑪特是聖哥達隧道和登山快車的交叉點，小鎮坐落在烏澤恩峽谷（Ursern）中，這區域共有超過四十多個湖泊，宛如璀璨的明珠撒落在山谷間。「在我去過的所有地方裡，這裡無疑讓我感到最爲親切而有趣。」從這句詩人歌德對它的讚美，可想而之，歌德必定曾被面前美景深深感染，才會發出這般的讚歎。

安德瑪特在古時候是阿爾卑斯十字路口的交通和軍事要塞，曾有軍隊駐紮，直到現在山裡還保留一座地下要塞。如今的小鎮依舊保持阿爾卑斯山村的寧靜質樸，要問世外桃源何處尋？眞是踏破鐵鞋無覓處，得來全不費功夫，就在此山中。山上昨天剛下了一場大雪，鎮內外還能看見未融化的大片積雪。童話式的民居之間，有座白色的中世紀教堂——聖彼得和聖保羅古教堂（Pfarrkirche St. Peter und Paul），高聳的鐘樓成了小鎮的地標。此外，鎮內亦不乏顏色鮮豔的古老建築。鎮上有一座小橋，我站在木橋上，北望雪峰，橋下是流水潺潺，旁邊是染了紅色的秋楓，單是面對這般景色欣賞片刻，已讓人流連忘返了。

我差點因貪戀眼前的「仙境」而忘了行程，在司機的催促下，我再度踏上往隘口的征途。聖哥達山隘口（又叫聖哥達山口）的起點就從小鎮北面海拔低的地方開始，我們得繼續開車爬升至更高海拔的冰川出口，此時周遭的景色逐漸變得荒涼，樹林村落漸漸遠離了我的視線。汽車先經過一座「魔鬼之橋」（Teufelsbrücke，原名托伊福斯橋），它橫跨謝勒嫩峽谷（Schöllenen Gorge）和羅伊斯河（Reuss River），是穿越山口的必經之路。經過不同年代的修建，如今的橋由老橋和新橋組成。魔鬼之橋，顧名思義是由魔鬼所建。民間傳說中，在這種險峻的地形要建造橋梁是非常困難的工程，工人要想建好橋梁，就得跟魔鬼打交道。

1.第一座木製魔鬼橋已損毀，圖片下方爲第二座魔鬼橋，上方爲第三座
2.石壁上有魔鬼橋的圖案

紀念1799年與拿破崙軍隊在此交戰的俄軍陣亡戰士紀念碑

西邊是霍斯彭塔爾（Hospental），有一座十八世紀的小教堂，以及聖哥達山口歷史博物館。參觀博物館可以了解當地的歷史。不過我這次的行程碰上瑞士疫情更趨惡化，所有博物館和大部分教堂都不對外開放，只能緣慳一面。

聖哥達山口是此次「山間行」的重點，海拔2,108米高，長二十六公里，是貫穿瑞士南北的一個重要隘口。關於聖哥達山口的故事，就得從公元十一世紀說起。當時的瑞士屬於神聖羅馬帝國的一部分，然而崎嶇險峻的山地地形未受到帝國的青睞。後來隨著經濟貿易的發展，位於地中海沿岸的亞平寧半島（義大利半島）和北部的德意志邦聯互爲歐洲重要的經商往來，於是瑞士南部的冰川谷成爲通往羅馬帝國的經商要道，聖哥達山口遂成了必經之路。

鐵路橋樑及隧道

商人只要翻越山口就可以長驅直入，縱貫阿爾卑斯山。昔日物資運送的主要路線，成就了今天的旅遊景點。

瑞士聯邦政府不斷修建隘口和縮短行車距離，開挖聖哥達山，完成世界上最長、最深的隧道（含鐵路隧道和公路隧道），目前是歐洲南北軸線上穿越阿爾卑斯山最重要的通道之一，另外還有一條隧道鐵路，連往瑞士的琉森和義大利的米蘭，僅是一山之隔，目的地竟然是兩個不同的國家。開挖這條隧道耗費十七年時間，長約五十七公里，稱得上「九曲十八彎」，其中的建設難度不言而喻。這讓我想到比它建設更早的臺灣橫貫公路，當年在設備簡陋的條件下，打通東西兩地，將天塹變通途。兩者有著異曲同工之處，雖然險峻地形帶來種種困難，人們終於克服

清澄湖水倒映藍天雪峰，如上下兩個顛倒的世界

天險，創造人類的奇蹟。

我坐在車上，透過窗戶見識瑞士這一項偉大隧道工程，兩條隧道分別讓冰川列車和汽車通過，行人是禁止通行的。過了隧道，前面是一條畢直坦途。我停在隘口的觀景台，仰望高處一截截的「魔鬼之橋」，以及古羅馬人留下的史前遺蹟和堡壘殘垣。公路下面是一條沿山崖開鑿出來的步道，旅客們可以走下去觀賞崖下的冰川急流。此時一輛冰川列車正駛出隧道，鳴起汽笛聲，像是向大自然宣告「人定勝天」的真理。

我們再往山上開去，就是聖哥達山山頂平原，平原上有一潭潭清澄的湖水，倒映藍天和雪峰，水潭邊豎立了一根根的風力發電柱。舉目四顧是綿延萬里、一望無際的群巒疊峰，而下山的公路就蜿蜒在翠綠的群山中，煞是好看。

聖哥達山口紀念雕像

朝聖之地：艾因西德倫

眾所周知，中國西藏的布達拉宮是藏傳佛教的朝聖地；西班牙的聖地牙哥—德孔波斯特拉主教座堂是歐洲天主教的朝聖地；至於瑞士的艾因西德倫修道院（Benediktinerabtei Einsiedeln），則是歐洲另一處天主教朝聖地。很巧，這三個朝聖之地我都曾經拜訪過。

艾因西德倫修道院坐落於瑞士中部施維茨州（Schwyz）的艾因西德倫（Einsiedeln）市中心。古城建於十世紀，擁有逾千年的歷史，因修道院而聞名。如今的修道院建築是十八世紀的巴洛克式建築，

修道院外觀

由幾組建物構成，包括大教堂、兩座高塔鐘樓等，橫列於市中心的山丘上，宏偉壯觀。大教堂內部裝修富麗堂皇，穹頂和牆壁都是漂亮的宗教故事壁畫，當然少不了巨型的管風琴。據說每周禮拜儀式時，管

1.修道院前噴泉
2.黑面聖母馬利亞像

大教堂內部裝修富麗堂皇

風琴演奏的樂音迴盪，搭配修士們的吟唱聲，歌聲與音調的結合相當動人心弦。

大教堂內的聖母堂內有尊黑面聖母馬利亞像（Black Madonna），從一四六六年就供奉在這教堂內。據說十分靈驗，受到信徒們的仰望。關於這尊聖母像有一段故事：當年法國拿破崙軍隊攻入，原本打算要將聖像帶走，用來保佑法國軍隊，幸而修道院的神父設法把祂藏起，才躲過法國的掠劫。聽說黑面聖母像原先並不是黑色的，而是因為五百多年來受到朝拜信徒點燃蠟燭，被煙所熏黑的。這讓我聯想到臺灣彰化鹿港的天后宮，供奉的媽祖也因為長年累月的香火熏染，被稱為「黑面媽」。

1.修道院前的市中心區
2.俯瞰小鎮

據說耶穌十二使徒之一的聖雅各遺骨埋於西班牙的聖地牙哥—德孔波斯特拉主教座堂，因而從中世紀以來，前往該地朝聖的路線就叫做「聖雅各之路」（Routes of Santiago de Compostela），而艾因西德倫就屬於其中一個重要的停靠點和朝聖點，也是歐洲天主教徒重要的朝聖地之一。根據記載，不少信徒從歐洲各地遠道而來，有些人光是徒步就耗費兩年多時間，只爲了到大教堂祈福禱告。那時交通並不發達，教徒們攀山涉水，歷經艱辛，這跟我們藏族信徒磕長頭一樣，都有著一份對信仰的執著。在宗教面前，東西方並無分別。當然現在交通便捷，路況相較過去也好上許多，比起古時朝聖者的行程，已是大大改善了。

艾因西德倫古城除了必遊「聖地」大教堂外，城內仍保留很多古建築、古蹟和文物。其中有間古董糕餅博物館，也千萬別錯過。博物館內的陳列古色古香，記錄了瑞士人民過去做糕餅的廚具和製造材料，也可以借此了解到當地人民的生活習慣。博物館內設有販售部門，可以買到各式的糕餅。

不僅如此，還有其他的博物館，例如我也曾參觀過一所礦物博物館。此外，古城也是一處滑雪的休閒勝地。

Chapter 08

提契諾大區

位於瑞士南部，僅包含提契諾州一州。與義大利接壤，是瑞士唯一以義語作爲官方語言的地方。此區第一大城盧加諾是瑞士的第三大金融中心。

最南端小城．基亞索

基亞索

基亞索（Chiasso）位於提契諾州的義大利語區，與義大利北部的倫巴第大區（Lombardia）接壤，和科莫市（Como）非常接近。基亞索與佩德里納特（Pedrinate）和西塞雷（Seseglio）兩個小城同是瑞士最南端的城鎮。小城信奉羅馬天主教，市民僅約七千多人，全城面積也只有五點三三平方公里，然而這座一般人聞所未聞的小城對我而言並不陌生，我在七〇年代初期，任職銀行的國際貿易融資部門，就經常跟它打交道。那個年代，中國的抽紗工藝品（drawnworks）從青海、汕頭等地經由香港轉口至基亞索，再從此地運往其他歐洲大陸城市，

民房的抽紗窗簾

民房的抽紗窗簾

所以對它再熟悉不過了，只是一直無法跟它結上地緣！

這次我從米蘭返回瑞士，適逢其會，順道走訪這座「老朋友」。當我越過義大利邊境，一眼就見到CHIASSO（基亞索）幾個醒目的紅色大字，說明我已進入瑞士的南端小城。

說到基亞索，不得不提起二戰時期的一紙「祕密協議」。回顧一九四五年四月，二戰結束前夕，軸心國潰敗，當時有一股德軍約四百五十人爲避免被蘇軍俘虜，送至西伯利亞勞苦營，便打算越過義大利邊界，進入瑞士境內。爲阻止一場不

基亞索的城市景色

必要的戰事，瑞士方面派出Colonel Martioni與德軍談判，經協調後，德軍最終並未攻入瑞士境內，雙方簽署一份祕密協議。因爲瑞士簽署這份協定有違中立國的規定，所以這份祕密協議（Fatti di Chiasso/Secret Chiasso Agreement）一直到二〇一〇年四月二十八日才公開，這天正是紀念該「協議」簽署的六十五周年紀念日。瑞士政府還爲Martioni設立紀念碑，陳述他爲維護國家領土，免受德軍入侵的事蹟。這座紀念碑就在基亞索海關辦公室的前面，如果不是來到了小城，見到這些說明，或許就不會得知基亞索曾經有過的這段歷史。

1 1
2

1.基亞索的城市景色
2.右爲當地市政廳

我漫步於基亞索四通八達的巷弄間，行人稀少，顯得十分幽靜。街道維持得很乾淨，民房外觀雅致，陽台、窗前栽種著鮮花。我發現這裡的民房窗戶多用精美的抽紗窗簾來布置，說明中國的抽紗工藝品依然受到瑞士人的喜愛。這樣的環境彷彿脫離塵世的仙境，悠閒漫步其中，眞是一種享受。

由於基亞索接近義大利，到處充斥著義大利式悠閒浪漫的氣息，

同時主要的大街陳列不少現代藝術作品，且城內有多家藝廊和博物館，爲小城更加增添了文化氛圍。基亞索曾經是瑞士南部的貿易和通訊中心，城鎮雖小，卻五臟俱全。除了諸多文藝展館外，另外還有一座市政體育場（Stadio Comunale di Chiasso），這裡不得不提到一家老牌足球會——基亞索足球會，這支以市爲名的足球隊成立於一九〇五年，在五〇到六〇年代成績斐然，至今依然是瑞士本國足球聯賽的隊伍之一。

基亞索每年舉辦不少大型活動，一年一度的爵士音樂節便非常受到樂迷們期待。此外，內比奧波里嘉年華（Carnivale Nebiopoli）是一場大型的面具巡遊狂歡節，被認爲是瑞士義大利語區最具代表性的節日。每年二月，南部城鎮包括基亞索都會舉辦一連數天的盛事，吸引來自瑞士及歐洲國家的民眾參加，熱鬧情況不亞於義大利威尼斯面具節。二〇二一年的節慶活動因疫情取消了，二〇二二年則於二月二十五至二十七日舉行，熱鬧氣氛重現瑞士南部，可惜我當時未能來此，親身參與這場遲來的狂歡節慶典。

聖維塔萊河村

基亞索城鎮外有座古老村落，名叫聖維塔萊河村（Riva San Vitale），歷史甚至可能追溯至新石器時代。民房依盧加諾湖而建，水平如鏡，環境清幽靜謐。偶然見到三三兩兩的當地居民聚集在一起，坐在湖畔享受著和煦的陽光，好不愜意！

1.在聖維塔萊河村欣賞盧加諾湖景
2.聖維塔萊河村之景色

村落環境清幽靜謐，民衆也愜意享受和煦陽光

山丘高處一座建於十六世紀的聖十字教堂（Church of Santa Croce）俯瞰著聖維塔萊河村，教堂的外型令我聯想到義大利科莫市的科莫大教堂，仔細研讀教堂門前的介紹，果然不出所料，它跟科莫大教堂出自同一位建築大師Giovanni Antonio Piotti之手，除了同樣擁有巨大圓穹頂外，教堂內四面牆壁也都刷上漂亮的彩繪壁畫，裝飾華麗而莊嚴。

1.聖十字教堂外觀
2.聖十字教堂內部

湖畔的金融中心・盧加諾

盧加諾（Lugano）跟基亞索同在瑞士南部的提契諾州，是該州的最大城市，不論在名氣、風景，甚至經濟地位，均排在基亞索之上，被認爲是瑞士的第三大金融中心，地位僅次於蘇黎世和日內瓦。若說基亞索是曾經的貿易交易中心，那麼盧加諾就是它背後的商業經濟靠山。記得七〇年代中國的抽紗工藝品輸出歐洲，尤其是義大利，因爲當時的棉質商品需要配額，出口商會利用瑞士中立國的關係，自瑞士幾個較南的城市轉運，包括基亞索和東北部德語區的聖加侖，這兩個邊境城市因而成爲避開棉質商品配額的轉品地，而貿易產生的資金，就經由與義大利距離很近的盧加諾作爲一個重要的支付地。隨著貿易規

市政廳

盧加諾街景

模的不斷擴大，毫無疑問令盧加諾成爲瑞士的另一個金融中心。記得七〇年代我在銀行工作時，代香港出口商處理很多以盧加諾當地銀行爲付款行的歐洲美元支票，而且金額愈來愈龐大，就可以了解到這座城市的商業行爲規模，不容小覷。

這天我來到盧加諾的商業中心，這裡私人銀行林立，一般不接受零售銀行業務，也不接受未預約而主動上門來存款的客戶（walk-in customers）。銀行的客戶非富則貴，更有一定的來頭和背景。基本上得是銀行熟悉和了解的客人，銀行才會接待處理他的業務。導遊司機解釋，這類知名且大型的私人銀行開設在義大利邊境，距離米蘭不到一個小時車程。義大利過去是黑手黨和走私客的大本營，盧加諾於是有近水樓臺的機遇，義大利人開車到這裡處理金融業務，更爲便捷。當時瑞士銀行還奉行一套客戶保密制，將客戶的資料保存得密不透風，更受客戶所信賴。

盧加諾擁有明媚的湖光山色，她位處美麗的盧加諾湖邊（Lake Lugano），周圍環繞著景觀視野極佳的青山。盧加諾兩側分別是聖薩爾瓦托雷山（Monte San Salvatore）和布雷山（Monte Bre），兩者皆有纜車可以上山，是想要登高望遠時的好去處。城市、山脈、湖泊結合在一起，在當地構成一幅壯麗絕美的圖畫。除了好山好水之外，盧加諾還有得天獨厚的天氣，宜人的地中海型氣候，不論冬夏，總是陽光普照。若有閒暇餘裕，放鬆地坐在公園湖畔，靜靜渡過一個下午，似乎也是一個不錯的選擇。

1.盧加諾湖渡輪
2.盧加諾街景

因疫情關係，餐廳無法內用，戶外座位倒是不少顧客用餐

我請司機把我放在湖畔大街，此時已是中午用餐時間，由於疫情依然嚴重，餐廳受到防疫措施的限制，不讓堂食（內用），所以湖畔的路旁，以及附近的廣場都見到人們佇足享用午餐便當。我利用這段時間遊走在盧加諾湖畔的市立公園（Parco Civico），公園內不少青年男女悠閒地坐在草坪上，談笑風生，享受自湖上吹來的習習涼風。

此外，公園內還擺放多座帶有警喻意義的現代藝術品，例如提倡保護大自然，而將藝術品設計成扔在湖裡的「垃圾」，還有其他具有環境保護教育意義的雕塑。雖然這類藝術作品放在公園內，卻沒有突兀的感覺，也並未影響我欣賞秀美景色的興致。

1
1
2

1.具有環保警示意味的展覽品
2.公園內藝術作品

公園背後是大學校園和礦物博物館，學術與自然環境融爲一體，在這般的環境修讀，對於學生們應該是一種享受。可惜我已是古稀老人，再度求學難矣，唯有多找機會到湖畔享受人生吧！

我從湖畔慢慢走到市中心的商業區——那薩街（Via Nasa），這裡不僅更爲熱鬧，又是名牌商品的集中地。盧加諾靠近義大利的時尚城市米蘭，自然受到時尚文化的薰陶，小城的商店裡隨處可見時髦、

潮流的服飾配件。儘管商業區商店林立，卻沒有米蘭那樣大城市的壓迫感，不見摩肩接踵的購物人潮，若非疫情關係，想必又是個「血拼」的好地方。不過我發現與我擦身而過的人多半穿著名牌，或是打扮得珠光寶氣，提醒我在購物街上行走時不宜魯莽，以免不小心擦撞而弄髒別人的華服。

1.市立公園內景色
2.聖洛克教堂外觀
3.聖洛克教堂內部

聖安東尼奧阿巴特教堂外觀

市中心的房子無論新舊，都帶有濃厚的義大利氛圍。我就近參觀了兩個古教堂，一間是建於十六世紀的聖洛克教堂（Chiesa di San Rocco），教堂天花板和兩側的壁畫是觀賞的重點，教堂無論外觀或內部都呈現十分柔和的色調。聖安東尼奧阿巴特教堂（Sant'Antonio Abate）附近道路正進行鋪地磚的工程，教堂本身興建於十七世紀，內部的灰泥裝飾以及壁畫都值得一看。

另外一座古老的聖羅倫佐大教堂（Cattedrale di San Lorenzo），最初建於九世紀，數度經過整修，依然保持著文藝復興時代的風格，其中的最大亮點，應該是它的玫瑰窗吧！

本來我打算乘搭湖上輪渡，到彼岸的岡德雅鎮（Gandria），司機推薦說這是湖邊一個美麗的小漁村，漁村沿著陡峭的山壁而建，有點像義大利的「五漁村」，全然的義大利風情。然而當我來到碼頭時，才知道又是因爲疫情緣故，暫停服務，只好悻悻然往回走。

聖安東尼奧阿巴特教堂內部

瑞士小人國門口

途經小朋友的樂園——瑞士小人國（Swissminiatur），號稱在園內可以「一個小時遊遍瑞士」，它巧妙地運用各種模型設計，將全國一百二十多個著名景點濃縮呈現出來，對於未有時間遍遊瑞士的人士或者攜帶小孩的旅客，進園一遊也是一個不錯的選擇，我來到之時不幸又遇上園內限制人流，沒法進園。

回程途中，司機爲了彌補我未能遊湖的旅程，特地開車送我到一個名叫坎波內的小鎮（Campione d'Italia），它臨盧加諾湖，位於瑞士境內，卻是地地道道的義大利領土，屬於義大利倫巴底科莫省的一部分，然而它根本沒有與義大利本土接壤，四面八方全被瑞士提契諾州所包圍，

1.坎波內小鎮景色
2.坎波內賭場

坎波內小鎮景色

與義大利的邊境至少還相距一公里遠。

我下車後，在湖邊廣場散散步。這兒範圍不大，基本上就是一座小漁村，屋舍的數量寥寥可數，不過其中卻包括一座引人注目的大型賭場酒店。講到這個義大利境外小鎮的歷史，可以追溯到公元前一世紀的羅馬帝國，當時羅馬人在小鎮駐有士兵，用以保護自己的領土。小鎮一直是屬於義大利倫巴第領主的領地，儘管被瑞士所包圍，過去也曾先後發起多次的公民投票，不過均被當地義大利人否決，拒絕併入瑞士。小鎮的名稱Campione d'Italia中的d'Italia卽爲「義大利的」之意，表明是義大利的領土。國中之國已不足爲奇，但部分領土在別的國家境內，就太不可思議了。

義式風情小鎮：焦爾尼科、比亞斯卡、阿斯科納

提契諾州與義大利接壤，是瑞士的義語區。我藉著半天時間，來到其中的幾個小鎮探訪。

焦爾尼科小鎮（Giornico）可追溯至公元十世紀，鎮內的屋舍看起來都具有相當長的歷史，住戶很少，民風淳樸，生活節奏緩慢，是一個寧靜的村莊，給我感覺像生活停頓在上個世紀般。除風景優美之外，它也擁有獨特的文化和藝術。鎮內保留古代戰役紀念碑，紀錄過去的歲月。公元一四七八年，約六百名瑞士軍人在此打敗了一萬人的米蘭軍隊。這兒還隱藏著十四世紀的古老遺蹟，有幾座莊嚴的古羅馬教堂，與村裡的古老石橋互相輝映。當地最有名的是鎮北面一座外型特別的美術館——Museo La Congiunta，巨大的混凝土建築像一塊巨石矗立在草地上，周圍被葡萄園所包圍。該館由建築大師Peter Märkli設計，館內並沒有管理員，想要參觀的話，需要到鎮上拿鑰匙自行開門，的確別樹一幟。它的周邊沒有其他建築物，在大自然中頗有遺世獨立之感。大門入口設計頗特別，彷彿融合於這個靜謐又充滿歷史感的小山村，我很慶幸自己居然發現這座藏在人間的遺世寶藏。

焦爾尼科小鎮景色

接著我們走進翡薩斯卡山谷（Valle Verzasca）中的弗拉斯科小鎮（Frasco）。此處有一座迷你古教堂，外觀古樸，裡面卻精緻漂亮。一條吊橋架在近乎乾涸的翡薩斯卡河床上。斜陽夕照在山谷中只有幾十戶村民的小鎮，呈現一種聖潔又神祕的氛圍。

1.弗拉斯科小鎮與周邊風景
2.小鎮內的迷你教堂

1.比亞斯卡的聖彼得和保羅教堂
2.聖彼得和保羅教堂內部壁畫
3.薩爾蒂羅馬橋

再往前行，經過提契諾河，一路向南，就到了比亞斯卡小鎮（Biasca）。它同樣是一個不太引人矚目的小地方，但鎮上那一道從崖壁上垂直落下的瀑布聲勢浩大，不可不看。村民也藉水的衝擊，在旁邊設置水力磨坊。離瀑布不遠處有一座古老的雙拱形石橋，叫做薩爾蒂羅馬橋（Pont-dei Salti），這座僅一米寬的拱橋，原來已有兩百五十年歷史，它離下面溪澗約十米，從橋上走過可盡情飽覽山谷四周美景。拱橋下方是天然清澈的溪流，每到炎熱的夏天，這裡就變成露天嬉水之處，周邊還有幾處天然小水潭。如此美景，竟讓我聯想起近來中國相當熱門的可可托海（Cocoa Sea）。

本來行程已臨尾聲，司機卻意猶未盡，回程途中，順道帶我來到馬焦雷湖畔（Lago Maggiore）的阿斯科納小鎮（Ascona）。這兒是瑞士海拔最低的小鎮，只有一九六米高。湖對岸就是義大利的北部，

拱橋下方是清澈溪流，也是夏天嬉水之處

馬焦雷湖畔

因此這座湖等於是瑞義兩國的界湖。阿斯科納被譽爲「馬焦雷湖的珍珠」，充滿義大利風情，湖畔一帶盡是觀光酒店和餐館，來自本地和「踏浪過來」的義大利人，都在這兒悠閒賞湖聊天。

我沿著湖邊欣賞落日景色，接著走進古城區，穿過狹窄的小路，漫遊商業區，直至廣場上阿斯克納的地標——建於十六世紀的聖彼得及聖保羅大教堂響起晚上八時的鐘聲後，這才拖著疲憊的身軀，打道回日內瓦。

1.古城區狹窄巷弄
2.湖畔店家及人群
3.阿斯科納的地標——聖彼得及聖保羅大教堂

三座古堡之都：貝林佐納

瑞士義大利語區提契諾州出名的金融之城是盧加諾，可是州的首府卻是擁有三座古城堡的貝林佐納（Bellinzona）。也因爲這三座城堡，使她在二〇〇〇年贏得了世界文化遺產之城的美譽。我按捺不住對這座城市的好奇心，二〇二二年春天，一有機會返回瑞士，便立卽安排到此一遊。

從日內瓦出發到與義大利邊境接壤的貝林佐納，車程需要四個多小時，卽日往返就要九到十個小時了，熟稔的酒店禮賓部經理考慮到我的年紀，建議我在當地留宿一宵，旅遊起來會較爲悠閒輕鬆，不致太過疲累。可是我對自己的體力相當有信心，堅持可以當天往返。出發的這日，

市區充滿富有義大利風情的房子

晴空萬里，是這次重返瑞士期間，天氣最好的一天。天還未發白，我和司機已奔馳在前往貝林佐納的高速公路上。

到達瑞士東南部，阿爾卑斯山腳下的「貝城」，跟附近其他城市如盧加諾、基亞索一樣，因爲太接近義大利的緣故，城市給我的第一個印象，充滿了義大利風情。進入市中心，就見到美麗如畫般的房屋，有廣場，也保留著不少帶有古典色彩的劇院和庭院，連一般的民居都有羅馬柱、鑄有花飾的鐵欄杆陽台，很有義大利風格。

我惦記著三座中古世紀城堡，擔心能否在半天的時間內完成旅程，幸好三座城堡都坐落在市內，按城堡的建造時間，由低至高處，巍峨地矗立著，在市中心的每個角落，三座城堡的面貌都非常清晰地落入我的視野內。

蒙特貝羅城堡的吊橋

蒙特貝羅城堡的吊橋

這三座古堡分別是海拔最低的格朗德大城堡（Castle Grande）、相距約百米高的蒙特貝羅城堡（Casgello di Montebello）和最高的一座，離地面約三百多米高的薩索．科爾巴洛城堡（Castello di Sasso Corbaro）。此時天朗氣更清，我就在這樣的好天氣照拂下，展開城堡之行。

我先來到第二座城堡，亦卽位於山丘中間位置的蒙特貝羅城堡，它建於十三至十四世紀間。與許多城堡的布局設計大同小異，有內外圍牆、吊橋、垛牆和瞭望高塔。登上城牆俯視，城市的全貌清楚展露在我面前，包括山下格朗德大城堡的內外都清晰可見，甚至可以看見兩城堡之間有一道城牆相連接，仿如一條迷你長城，是一座典型的防禦性城堡。

俯瞰格朗德大城堡與貝林佐納

我往更高處仰視，另一座薩索·科爾巴洛城堡遙遙在望。這座蒙特貝羅城堡下連大城堡，上通薩索城堡，串成一條完整的防禦鏈，一步步地更加鞏固當地的安全，守衛著貝林佐納城中的人民，讓人不得不佩服過去守城人的智慧和用心。

接著我造訪薩索·科爾巴洛城堡，它建於十五世紀，歷史最短，地勢卻最高，居高臨下，視野更爲廣闊，無論我站在城牆上，或者登上高高的瞭望塔，下方的境況一目了然，盡在眼中。

1

2

1.蒙特貝羅城堡外觀
2.薩索·科爾巴洛城堡一隅

可以想見從前若下面兩座城堡有任何安危，都能立刻得知，並做好援助的安排。

最後我回到最前沿的格朗德大城堡，要進入城堡參觀，可以爬上狹窄陡峭的巷弄街道，沿著城牆步道進入，或是透過電梯從地面直上城堡內部。在三座古堡當中，它是占地面積最大的一座，我粗略估計，應有山上兩座城堡面積的總和。它同時也是歷史最悠久的一座，據學者的研究考據，這地區早在新石器時代，也就是公元前五千多年前已有人類居住。古羅馬人自公元四世紀開始在此建造城堡，而今屹立在面前、以岩石爲堡基的大城堡，是經過時代的洗禮，不斷地在原來的基礎上擴建和修築。

薩索・科爾巴洛城堡外觀

我走遍三座古城堡的裡裡外外，只耗費不過三個多小時，這還包括停留在最高的薩索城堡餐廳享用當地的義式麵條。皆因三座城堡面積都不大，且我到訪時，城堡的博物館都沒開放，導致未能入內參觀，相當可惜。

從薩索・科爾巴洛城堡俯瞰格朗德大城堡

1.格朗德大城堡以岩石爲堡基
2.從格朗德大城堡遠望貝林佐納及周遭山巒
3.格朗德大城堡內部草地

爲了瞭解這座城市爲何要先後建起三座城堡，我特意查詢一番，原來得從貝林佐納的地理位置說起：貝林佐納處於一個狹窄的谷地，往南可至義大利，往北則通往阿爾卑斯山脈，

從格朗德大城堡眺望另兩座城堡

自古就是南北重要通道、兵家必爭之地。因而自古羅馬時代開始，就認定它的優勢位置，開始建造城堡，也就是格朗德大城堡原先的基礎。至中世紀時期，從原來的城堡再往山上伸延，逐漸形成了一直維持到現在的城堡架構。

作爲提契諾州首府城市，除了這三座名列世遺的古城堡外，還有不少可參觀的地方，如聖馬利亞十字架教堂、克雷加亞塔教堂以及社會劇院等，不過因爲恰逢周日，大部分都不對外開放，而著名的聖哥達山嶺景區，我在二〇二〇年就已經遊覽參觀過，這次便不再重訪。

陽光、電影、大教堂：洛迦諾

從貝林佐納出發，前往提契諾州的第三大城市洛迦諾（Locarno），車程要一個多小時。該市位置在馬焦雷湖北邊湖畔，我在二〇二〇年曾到過湖邊的阿斯科納小鎮。

洛迦諾既然是該州的第三大城市，自然要比阿斯科納小鎮氣派得多，市內的風格跟盧加諾很相似，都是依著湖邊，熱鬧程度與剛離開的貝林佐納就大相徑庭。沿著湖邊的園圃區，坐著當地居民，不分男女老少，熱鬧中帶著悠閒的氛圍。灑落在身上的是和煦的陽光，面前靜謐的湖面平滑如鏡，滿眼的湖光山色眞是一種奢侈的享受！

在我印象中，洛迦諾除了擁有美麗的風景外，讓小城譽滿天下的是金豹獎，即是洛迦諾國

湖畔的美麗景色

際電影節。每年八月，小城都聚集了來自世界各地的電影工作者。這個電影節，多少與威尼斯和戛納（Cannes，或譯爲坎城）等電影節有些區別：洛迦諾側重對獨立電影的關注，更注重發掘新進導演，當年由陳凱歌執導的《黃土地》就是在這個電影節被發現的。

我也沿著湖邊園區散步，怡然自得地走了好一會，接著轉到湖邊的咖啡館，效法當地巿民自由自在的慢生活，品嚐一杯Expresso咖啡。

來到這座小城，有一處地方不能不去，尤其是天主教徒更不容錯過，那就是位於洛迦諾半山腰奧爾塞利納鎮（Orselina）的薩索聖母聖殿朝聖堂（Madonna del Sasso），在瑞士的義大利語區是最著名的朝聖地。

我搭車專程來到洛迦諾的半山腰，還需要步行約一百多個階梯方能到達教堂。這天我的右腳背有點隱隱作痛，很有可能前一天的晚餐貪嘴，吃了蝸牛引致痛風病發。然而這所朝聖之地近在眼前，我決定忍著疼痛，小心翼翼地沿著兩旁植有繁茂樹木的階梯走去，花了二十分鐘，才終於到達教堂大門口。教堂是一座壯觀的土黃色建築，屋頂爲紅棕色。教堂整體面積很大，內部裝飾華美精緻，還有不少宗教故事塑像，其中有一組「最後的晚餐」，就還原了耶穌的故事，人物製作得相當生動。主教堂內的天花板刷滿了壁畫，此時修士正在大殿進行祈禱儀式，我不便影響他們的作業，轉而到教堂的其他區域走走看看。

我聯繫了好友Brenda，一位虔誠教徒，了解這所教堂的歷史背景。傳說教堂的建立是因爲有位方濟各會修士巴爾多祿茂在一四八〇年八月十四日夜裡，經歷了聖母馬利亞顯靈的過程。一八八〇年八月十四日，教宗良十三世（Pope Leo XIII）派了代表

1.教堂位於洛迦諾半山，面對著馬焦雷湖與洛迦諾市區
2.教堂正門
3.教堂內部

1
2
3

1.最後的晚餐塑像
2.金貝殼代表爲聖雅各朝聖之路的其中一段
3.從平台上欣賞馬焦雷湖與洛迦諾市區

來到教堂，爲聖母像加冕，紀念聖母顯靈四百周年。我一眼就見到牆上有一個「金貝殼」的標誌，標誌著這是「聖雅各朝聖之路」的其中一段。

教堂對面的平台是一處把整個洛迦諾市攝入鏡頭內的好地方，同時又可欣賞到山下波光粼粼的馬焦雷湖，面對如此美景，令人心情無比放鬆。

Chapter 09 拾遺

瑞士山多、湖也多，造就獨特的纜車文化，更有著名的水壩建設，這些都展現了瑞士建築工程的登峰造極。

夾在瑞士與奧地利之間的列支敦斯登公國地狹人少，卻有極高的國民收入，更獲得「郵票王國」的稱譽。

著名水壩與列支敦斯登所在位置

偉大工程巡禮

瑞士地處「世界最美山脈」的阿爾卑斯山中心，山多、湖也多。得天獨厚的地理位置與氣候條件造就了各地如童話世界般的旖旎風光，而要欣賞這兒壯美的山雪風景、豐富的自然景觀，纜車是不可或缺的一種交通方式。

由於地勢的原因，瑞士可能是世界上最喜歡修建登山火車和纜車的國家了，其中各式各樣的纜車也成就了這個國家獨一無二的纜車文化，不僅有全世界首創的空中三百六十度旋轉纜車，噱頭十足，還有歷時十四年製造的世界最陡纜車——施圖斯纜車（Stoos Bahn Tram），看來，能超越瑞士的也只有瑞士了。這些纜車或穿行在懸崖峭壁間、或行進在山巔谷底，不僅環保取向，安全係數之高也得到了全球的認可。

纜車是瑞士不可或缺的一種交通方式

91

迪斯湖三面環山，彙集瓦萊州的冰川融水

大自然的千變萬化展現在不同高度的不同景觀，透過一個又一個的纜車看到的景象令人歎爲觀止，也讓人驚歎於瑞士建築工程的登峰造極，要說瑞士的纜車技術和品質稱霸世界也不爲過。瑞士纜車不只做爲觀光遊覽之用，也串連起人們的日常，帶動經濟發展，甚至可能開拓城市交通的未來。

另一方面，瑞士爲數眾多的高山湖泊也得到充分利用，水力發電占了瑞士總電能的60%，可謂是物盡其用。水力發電這類的建設在瑞士歷史算是十分悠久，以工業服務爲目的的水壩建設，可以追溯到兩百年前。值得一提的是，多年來瑞士一直在防洪和水壩監測方面爲中國提供技術支援。我之前並不瞭解瑞士的這一面，算是這次的新發現。

在著名的水壩工程中，我首先參觀的是鼎鼎大名的大迪克桑斯水壩（Grande Dixence Dam），它的基座厚度有兩百米，壩頂長六百九十五米，高度達到兩百八十五米，近三百米的落差光是肉眼觀看都會覺得腳軟。這座水壩是歐洲最高的水壩，也是世界上最高的混凝土重力壩，建造大壩所用的混凝土達到六百萬立方米之多，足以建造一道環繞赤道的牆壁。這項工程始於一九五一年，至一九六五年建成，規模之大，堪稱工程學上的奇蹟。即使以今天的眼光和技術來看，在同類的大壩中也無壩能出其右。

我來到壩頂，這兒的陣風強勁，幸好事前穿了外套，才沒有措手不及。水壩的一側是因爲築起大壩而形成的迪斯湖（Lake Dix），湖泊三面環山，彙集了瓦萊州三十五座冰川的融水，呈現美麗的藍色，且水質乾淨，水位隨季節而變化。

1.水壩一側是三面環山的迪斯湖，彙集瓦萊州的冰川融水
2.搭乘纜車前往大壩
3.大壩另一側的陡峭地勢和蜿蜒曲折的山路

大迪克桑斯大壩一側地勢險峻陡峭

在壩頂的另一側恰巧見到有人正進行滑翔運動，往下看去，地勢陡峭險峻，讓人望而生畏；遠望則是典型的瑞士山區風光，盡是高山、原野、草地等。

不過瑞士最出名的水壩並非大迪克桑斯水壩，而是另一座跟電影有關的水壩。在《007之黃金眼》（GoldenEye）電影開頭，皮爾斯．布魯斯南扮演的邦德（臺灣譯爲龐德）從兩百二十米高縱身躍下的地方，就是孔特拉大壩（Contra Dam），又稱爲翡薩斯卡大壩（Verzasca Dam），位於阿爾卑斯山南麓的翡薩斯卡河上，也是於一九六五年建成，是瑞士第四高的大壩。

由於邦德的驚天一跳，今日它成爲

孔特拉大壩

世界著名的蹦極（高空彈跳）聖地，對於許多尋求刺激的遊客來說，這兒被列爲一生一定要挑戰一次的地方。由於是沿著水壩垂直的牆壁躍下，會深刻地感受到牆面給予的壓迫感，非常刺激。卽使不體驗蹦極，也可在壩頂上隨意走走，欣賞周圍的山谷美景。疫情期間，我登山遊大壩時，罕見人煙，更感到四面雪山環繞，一座巨壩攔著深不可測的人工湖。大壩的水源自百里以外穿山注入，一絲絲的白水源源不絕流進湖中。

我造訪大壩時，天氣恰巧都相當晴朗，周圍的千山萬壑倒映湖中。我跟身旁的司機打趣說：此時若有美女打著紅傘，泛舟在湖上，更是妙不可言！

郵票小國・列支敦斯登

二〇二〇年一月我應老友原國家博物館陳履生副館長邀請，出席他在歐洲舉辦的「文・文人・文人畫」個人畫展，如此難得的機會，我當然毫不猶豫，欣然赴會。

畫展辦於列支敦斯登公國（Furstentum Liechtenstein），她是一個雙重內陸國，就夾在瑞士和奧地利兩國中間，這個面積只有一百六十多平方公里，人口僅四萬餘人的小國，既沒有港口，也沒有機場，甚至連自己的國防力量都沒有，可以說是一個「三無」國家。我要出席老友畫展的開幕式，還非得先飛到瑞士，接著轉乘車才能抵達。

畫展在公國首都城市瓦都茲（Vaduz）的列支敦斯登國家博物館（Liechtenstein National Museum）舉行，我先進展場向認識多年的老朋友致賀。他不僅是一位匠心獨運的文人畫家，也是著名的藝術評論家、攝影家、策展人，是具有多元身分的藝術踐行者。在繪畫上，已形成了他不拘一格的「陳氏風格」畫風。我在他的引介下，認識了來自歐洲各地的藝術家和傳媒朋友，同時參觀他近年的創作展品。此次他展出了六十多幅以山水、梅花、竹、迎春、柳樹和油菜花爲題材的作品。欣賞之餘，也不禁大讚老朋友高超的藝術造詣。

我知道列支敦斯登國家博物館的展覽每年排期相當緊湊，而且對藝術家還有很高的要

1.國家博物館內的服裝展示
2.國家博物館

求，因此能在此地一展身手，非得有深厚的藝術造詣不可。我也不自量力地期待將來有一天自己能在這兒舉辦個人攝影展，與歐洲朋友們一道觀摩學習。

博物館擁有白色外牆，是一棟三層樓的現代建築，不過它自十五世紀便已經存在，並於二〇〇三年整修後重新開幕。裡面分爲多個展廳，我欣賞過陳館長的作品後，順便依序參觀其他的展廳。

館內收藏和陳列許多古代的珍貴文物，包括中古世紀的陶器、金幣等，還有當地發展演進的歷史圖片，此外也收藏不少動、植物的標本，除了人文歷史外，還與自然科學結合，很有可看性，是很好的學習「課堂」。

離開博物館後，我接著在首都瓦都茲走走逛逛。

瓦都茲與其說是一座首都城市，倒不如說就是一條以瓦都茲主教座堂爲起點，長約五百米的主要步行街區。主教座堂布置素雅，很是精簡，沒有什麼繁複的裝飾。

我沿著街道繼續往前走，街道兩側多爲現代化的建築物，但樓高多半只有低矮的兩三層，包括位於中央顯著位置的國家博物館。此外，著名的國家藝術博物館（Kunstmuseum Liechtenstein）就在其右側，現代風格的博物館是由三位瑞士建築師Meinrad Morger、Heinrich Degelo和Christian Kerez建造，館內是展示當代藝術品的場地。另外還有郵票博物館、酒店、商店和餐館等。

1.瓦都茲主教座堂
2.瓦都茲一隅

1
3 2

1.政府大樓的屋頂很有特色
2.市政廳前方的雕塑
3.從下方仰望瓦都茲堡

瓦都茲堡外觀

不僅如此，步行街區也置放了多座巨型銅製或石刻的雕塑，富有文藝氣息。後來我若有機會，也會來到這裡巡遊，幾次參觀之後，發現步行區經常更換地面上的藝術品，似乎有專人負責打點，給予旅遊人士耳目一新的感覺。

列支敦斯登公國雖然是個小國，卻五臟俱全，令她排名在世界富國之前列，主要依賴「三招」：郵票、金融和工業。這個著名的「郵票王國」所設計的郵票不但精美，且圖案獨具一格，受到郵票收藏家的青睞。她從一九一二年已開始印製和發行郵票，如今成爲國家大部分的收入來源。許多旅遊人士行經這裡，必定會花點時間挑選和購買郵票，作爲到此一遊的紀念，我也不例外，每次路過，便會進入郵票博物館，選購一些特別的紀念票。

離岸金融業也是另一個生財之道。這裡最大的一家銀行是王室所擁有，亦有不少國際保險和基金公司。該國的銀行亦奉行瑞士銀行保密法，不會對外洩漏存戶的祕密，成爲世界富人的存款天堂。

不可不知，該國還擁有發達的工業體系，主要包括金屬製品、機械製造、精密儀器、陶瓷化工等，其中眞空鍍膜、釘槍、鑽孔機、假肢和假牙等產品，在世上有一定的知名度。儘管她的國土面積很小，卻是個不折不扣的工業製造大國，也爲國家帶來財富。

然而論及該國的景點，就乏善足陳了。最有賣點的應算是瓦都茲背後的山坡上一座具有「皇城」風範的瓦都茲堡（Vaduz Castle），然而堡內如今仍是王室大公的居所，並不對外開放參觀。我聽陳館長說過，他曾受邀進入堡內參觀，裡面收藏許許多多皇室的寶物珍品，價值連城。

雖無法進入城堡內，但我仍多次來到大門前，這兒背倚阿爾卑斯山，前方視野開闊，可以俯瞰城堡下方的翠綠田野，格外曠志怡神。

後記

我確診了COVID-19！

日前我在日內瓦參加了Watches & Wonders Geneva 2022（前身爲日內瓦高級鐘錶展），接著抵達倫敦，因爲意識到身體狀況不太對勁，有所警覺，便立刻服用中成藥與必理痛（臺灣稱爲普拿疼），後來一測，果眞是確診了。所幸我出發前往歐洲前，在香港已經先接種了第三針疫苗，過程中出現的症狀都很輕微，只有少許咳嗽和流鼻水，並沒有一般人提到的喉嚨痛和頭痛。儘管現在英國已經全面開放，即使確診也不需要隔離，但我還是自我隔離了三天，之後則看中醫進行調理。第六日做快篩檢測時，已呈陰性。近日準備前往日本，按規定起飛前先做PCR檢測，等待結果期間，心情十分忐忑，幸而不但PCR爲陰性，抵達日本機場後的檢測也是陰性，看來已經順利度過這一關，可說是不幸中之大幸。

新冠肺炎肆虐全球，至今已超過了兩個年頭。這兩年多來，我泰半時間都在國外，並沒有停下旅遊的腳步，直到今日才嚐到確診的滋味，也算是相當難得。早先我與倫敦公司的三位同事同桌用餐，之後三人陸續確診，我卻運氣很好，並未遭到感染，朋友們聽說之後都大呼不可思議。

《旅遊記疫：老玩童深度遊瑞士》是我對於這個世界在疫情期間的一份紀錄，計畫做成一個系列，瑞士是先整理好的部分，下一篇則可能以義大利爲主。由衷感謝以下幾位舊識老友在百忙之餘，爲這本《旅遊記疫：老玩童深度遊瑞士》寫推薦序：

・中華人民共和國前駐瑞士聯邦特命全權大使董津義

・中華人民共和國前駐瑞士聯邦特命全權大使許鏡湖

・瑞士華商會副會長邱小捷

二〇二〇年當我抵達歐洲時，最初是爲了電視劇《愛的迫降》拍攝場景而前往瑞士，孰料疫情變化多端，於是選擇留在歐洲繼續行程，包括前往奧地利探訪六〇年代懷舊電影《眞善美》的景點、到法國亞爾薩斯的小鎮科爾馬（Colmar）一探眞人秀節目《中餐廳》第一季所在地等等。直至今日，總計走過英、法、義、德、瑞、奧、列支敦斯登、南北塞浦勒斯的大小景點，成爲一場名副其實的深度遊。藉著這回的深度旅遊，我拜訪許多公認的美麗小鎮或鄉村、首屈一指的酒莊、知名的世界文化遺產等等。無論是居民僅有百人的小村子，或超過萬人的大城鎮，各有其特色，也令我有更多的時間細細品味這些地方的清幽雅致，了解它們的人文歷史，更開拓了視野。

以往來到這些旅遊勝地，總是人山人海、摩肩接踵，想要拍照都得見縫插針，很難避開人潮。對比疫情期間冷冷清清、門堪羅雀的景象，簡直難以想像。當我暢遊旅客銳減的威尼斯水鄉時，在清澈的水中見到自在的游魚；來到巴黎鐵塔欣賞日出時，也不會被萬頭攢動的人群遮擋，可以悠閒地尋找最佳觀賞角度。

住宿方面，歐洲許多地方在疫情最初爆發的時候，經歷了三到四個月的封城（lockdown），旅遊業近乎停擺，好些酒店住客很少，或根本掛零，導致暫時關門停業。我入住巴黎星級酒店Four Seasons時，是該酒店重新開業後的第一位客人，獲得如同VVIP的待遇，更受邀參與重新開業的剪綵儀式，相當特別。此外，我下榻的倫敦星級酒店居然接受外賣送餐服務，這也是我頭一遭在星級酒店內享受外賣服務，甚是有趣。

飲食方面，我向來以中餐爲主，因這是我在歐洲留待最久的一段時間，大概也是這輩子吃最多西餐的時候吧！值得一提的是，巴黎共有九間米其林三星餐廳，以往非常熱門，得提前很久才可能訂到位子。我前往法國向來都是爲了臨時的公務，便未曾有機會一探究竟。此次因爲疫情而有四間暫時休業，其餘的五間之中，我竟有幸進入其中的四間品嘗美食，眞是意外的收穫！

在這段疫情期間，我也拍攝起旅遊視頻，算是我個人的一項創舉。最初的想法，只是爲了增加印象，讓我日後整理影像照片時，更容易回憶起旅遊時的點滴見聞。沒想到這個舉動後來演變爲經過編輯處理後分享到我們亨達集團創設的youtube頻道「1號月台」，讓大家不用出門，便可以跟我一起四處旅遊。我也幾乎每日都在朋友圈內放置照片，讓親友們簡直又愛又恨，一方面羨慕於我在疫情中仍能到處享受美食美景，一方面欣喜於不用出門，也能跟著行萬里路。

許多地方已開始陸續解封開放，讓我行走世界的腳步越來越不受限制，我會在兼顧個人健康與安全的前提下，繼續秉持「好東西與好朋友分享」的想法，用我的鏡頭、我的筆桿，不斷傳遞這個世界的精彩與生命力。

鄧予立

二〇二二年四月

國家圖書館出版品預行編目資料

旅遊記疫：老玩童深度遊瑞士／鄧予立著. --初版.--臺中市：白象文化，2022.7
面； 公分.——（鄧予立博文集；15）
ISBN 978-626-7151-13-6（精裝）
1.CST: 旅遊 2.CST: 瑞士
744.89 111007147

鄧予立博文集（15）

旅遊記疫：老玩童深度遊瑞士

作　　者　鄧予立
校　　對　鄧予立
發 行 人　張輝潭
出版發行　白象文化事業有限公司
412台中市大里區科技路1號8樓之2（台中軟體園區）
出版專線：（04）2496-5995　傳真：（04）2496-9901
401台中市東區和平街228巷44號（經銷部）
購書專線：（04）2220-8589　傳真：（04）2220-8505
專案主編　李婕
出版編印　林榮威、陳逸儒、黃麗穎、水邊、陳媁婷、李婕
設計創意　張禮南、何佳諠
經紀企劃　張輝潭、徐錦淳、廖書湘
經銷推廣　李莉吟、莊博亞、劉育姍
行銷宣傳　黃姿虹、沈若瑜
營運管理　林金郎、曾千熏
印　　刷　基盛印刷工場
初版一刷　2022年7月
初版二刷　2023年7月
定　　價　399元